プリント形式のリアル過去問で本番の臨場感！

岡山県
県立

倉敷天城中学校

2025年 春 受験用

解答集

本書は，実物をなるべくそのままに，プリント形式で年度ごとに収録しています。
問題用紙を教科別に分けて使うことができるので，本番さながらの演習ができます。

■ 収録内容

・解答集（この冊子です）

　　書籍ＩＤ番号，この問題集の使い方，最新年度実物データ，リアル過去問の活用，
　　解答例と解説，ご使用にあたってのお願い・ご注意，お問い合わせ

・2024（令和６）年度 ～ 2018（平成30）年度　学力検査問題

JN131814

○は収録あり	年度	'24	'23	'22	'21	'20	'19
■ 問題（適性検査）		○	○	○	○	○	○
■ 解答用紙（書き込み式）		○	○	○	○	○	○
■ 配点							

**全分野に解説
があります**

上記に2018年度を加えた7年分を収録

☆問題文等の非掲載はありません

Ｋ 教英出版

■ 書籍ID番号

入試に役立つダウンロード付録や学校情報などを随時更新して掲載しています。
教英出版ウェブサイトの「ご購入者様のページ」画面で，書籍ID番号を入力してご利用ください。

書籍ID番号　**102231**　

（有効期限：2025年9月30日まで）

【入試に役立つダウンロード付録】
「要点のまとめ(国語／算数)」
「課題作文演習」ほか

■ この問題集の使い方

年度ごとにプリント形式で収録しています。針を外して教科ごとに分けて使用します。①片側，②中央のどちらかでとじてありますので，下図を参考に，問題用紙と解答用紙に分けて準備をしましょう（解答用紙がない場合もあります）。

針を外すときは，けがをしないように十分注意してください。また，針を外すと紛失しやすくなりますので気をつけましょう。

① 片側でとじてあるもの

針を外す ⚠ けがに注意
解答用紙
問題用紙
教科の番号
教科ごとに分ける。 ⚠ 紛失注意

② 中央でとじてあるもの

針を外す ⚠ けがに注意
解答用紙
問題用紙
教科の番号
教科ごとに分ける。 ⚠ 紛失注意

※教科数が上図と異なる場合があります。
解答用紙がない場合や，問題と一体になっている場合があります。
教科の番号は，教科ごとに分けるときの参考にしてください。

■ 最新年度 実物データ

実物をなるべくそのままに編集していますが，収録の都合上，実際の試験問題とは異なる場合があります。実物のサイズ，様式は右表で確認してください。

問題用紙	Ａ３片面プリント(書込み式)
解答用紙	

リアル過去問の活用

～リアル過去問なら入試本番で力を発揮することができる～

❀ 本番を体験しよう！

問題用紙の形式（縦向き／横向き），問題の配置や余白など，実物に近い紙面構成なので本番の臨場感が味わえます。まずはパラパラとめくって眺めてみてください。「これが志望校の入試問題なんだ！」と思えば入試に向けて気持ちが高まることでしょう。

❀ 入試を知ろう！

同じ教科の過去数年分の問題紙面を並べて，見比べてみましょう。

① 問題の量

毎年同じ大問数か，年によって違うのか，また全体の問題量はどのくらいか知っておきましょう。どのくらいのスピードで解けば時間内に終わるのか，大問ひとつにかけられる時間を計算してみましょう。

② 出題分野

よく出題されている分野とそうでない分野を見つけましょう。同じような問題が過去にも出題されていることに気がつくはずです。

③ 出題順序

得意な分野が毎年同じ大問番号で出題されていると分かれば，本番で取りこぼさないように先回りして解答することができるでしょう。

④ 解答方法

記述式か選択式か（マークシートか），見ておきましょう。記述式なら，単位まで書く必要があるかどうか，文字数はどのくらいかなど，細かいところまでチェックしておきましょう。計算過程を書く必要があるかどうかも重要です。

⑤ 問題の難易度

必ず正解したい基本問題，条件や指示の読み間違いといったケアレスミスに気をつけたい問題，後回しにしたほうがいい問題などをチェックしておきましょう。

❀ 問題を解こう！

志望校の入試傾向をつかんだら，問題を何度も解いていきましょう。ほかにも問題文の独特な言いまわしや，その学校独自の答え方を発見できることもあるでしょう。オリンピックや環境問題など，話題になった出来事を毎年出題する学校だと分かれば，日頃のニュースの見かたも変わってきます。

こうして志望校の入試傾向を知り対策を立てることこそが，過去問を解く最大の理由なのです。

❀ 実力を知ろう！

過去問を解くにあたって，得点はそれほど重要ではありません。大切なのは，志望校の過去問演習を通して，苦手な教科，苦手な分野を知ることです。苦手な教科，分野が分かったら，教科書や参考書に戻って重点的に学習する時間をつくりましょう。今の自分の実力を知れば，入試本番までの勉強の道すじが見えてきます。

❀ 試験に慣れよう！

入試では時間配分も重要です。本番で時間が足りなくなってあわてないように，リアル過去問で実戦演習をして，時間配分や出題パターンに慣れておきましょう。教科ごとに気持ちを切り替える練習もしておきましょう。

❀ 心を整えよう！

入試は誰でも緊張するものです。入試前日になったら，演習をやり尽くしたリアル過去問の表紙を眺めてみましょう。問題の内容を見る必要はもうありません。どんな形式だったかな？受験番号や氏名はどこに書くのかな？…ほんの少し見ておくだけでも，志望校の入試に向けて心の準備が整うことでしょう。

そして入試本番では，見慣れた問題紙面が緊張した心を落ち着かせてくれるはずです。

※まれに入試形式を変更する学校もありますが，条件はほかの受験生も同じです。心を整えてあせらずに問題に取りかかりましょう。

《解答例》

課題1
(1)スイッチの数…3

　組み合わせ…㋞，㋙，㋛〔別解〕㋑，㋙，㋛

(2)$\dfrac{3}{4}$／右表などから1つ

点灯時間帯＼電球の種類	17~18時	18~19時	19~20時	20~21時	21~22時	22~23時	合計点灯時間
電球A	○	○		○			3時間
電球B	○	○	○	○	○	○	6時間
電球C			○		○	○	3時間

点灯時間帯＼電球の種類	17~18時	18~19時	19~20時	20~21時	21~22時	22~23時	合計点灯時間
電球A	○		○		○	○	5時間
電球B		○		○			2時間
電球C	○	○		○	○	○	5時間

課題2
(1)ものは温度が高くなると体積が大きくなり，温度が低くなると体積が小さくなる。　　(2)雨がしみ込むときに小さいつぶは水と一緒に流され，大きいつぶが残される

(3)C／でんぷんがないことを調べる。　F／でんぷんがないことを調べる。

課題3
(1)90　　※(2)図3…右図　記号…ウ

(3)[①④⑤／料金／重さ／重さが2倍，4倍となると，それにともなってもう一方の料金も2倍，4倍となっているから。][①④⑤／料金／重さ／重さをx(kg)，料金をy(円)とすると，yの値をxの値で割った商は決まった数の80になっているから。]

　[①③⑥／料金／きょり／きょりが2倍，8倍となると，それにともなってもう一方の料金も2倍，8倍となっているから。][①③⑥／料金／きょり／きょりをx(km)，料金をy(円)とすると，yの値をxの値で割った商は決まった数の80になっているから。]のうち1つ

※の説明は解説を参照してください。

《解　説》

課題1

(1)　㋞と㋙と㋛を導線に変えたとき，Aを点灯させるときは㋐を，Bを点灯させるときは㋑を，Cを点灯させるときは㋒を入れればよい。なお，㋞の代わりに㋐を導線に変えたときは，Aを点灯させるのに㋞を入れればよい。

(2)　表3より，電球Aを1時間点灯させると2.7円，電球Bを1時間点灯させると3.6円かかるので，電球Aは電球Bの2.7÷3.6＝$\dfrac{3}{4}$(倍)の電気代がかかる。また，各電球を1時間点灯させたときに必要な電気代の比は，

(電球A)：(電球B)：(電球C)＝2.7：3.6：4.5＝3：4：5なので，電球A，B，Cを1時間点灯させた電気代をそれぞれ3，4，5とすると，全体でかかる電気代が(3＋4＋5)×4＝48になればよい。

(電球A，電球B，電球C)＝(4時間，4時間，4時間)から，合計が変わらないように時間を調整する。

4×2＝8で，3＋5＝8だから，電球B2時間分の電気代と，電球Aと電球C1時間ずつの合計の電気代が等しい。したがって，(電球A，電球B，電球C)＝(3時間，6時間，3時間)，(5時間，2時間，5時間)が考えられる。これをもとに作った表が，解答例の表である。他にも，(電球A，電球B，電球C)＝(1時間，5時間，5時間)，(6時間，5時間，2時間)，(2時間，3時間，6時間)が考えられる。

課題2

(1)　夏の暑いときに金属の体積が大きくなって，変形してしまうのを防ぐためにすき間が空けられている。金属でできている電車のレールにも同じようにすき間が空けられている。

(3) Cを調べることで，日光を当てる前にでんぷんがなかったことが確かめられる。Eにでんぷんがあり，Fにでんぷんがないとわかることで，日光を当てたことによってでんぷんが作られたと確かめられる。

課題3

(1) 100円のパンが65個売れた時点での利益は，(100−80)×65＝1300(円)である。あと1650−1300＝350(円)の利益が出るようにしたいから，1個あたり350÷(100−65)＝10(円)の利益が出るように値段を設定すればよい。よって，80＋10＝90(円)

(2) 図2で，㋐は台形で，面積は，(2＋4)×4÷2＝12(㎡)である。㋑は，右図のように，三角形と平行四辺形を合わせた形になるから，面積は2×4÷2＋2×4＝12(㎡)となり，㋐と㋑の面積は等しい。

(3) 重さ，きょりのうち，一つは変わらず，もう一方だけを変えているレシートを比べる。

《解答例》

課題1　(1)飛んで火にいる夏の虫／泣き虫／腹の虫　などから1つ　　虫がいい／虫の知らせ／虫の居所が悪い　などから1つ

(2)考えすぎてしまういまの若い人　　(3)B．まずは仕事をやってみて、続けてみること　Ｃ．始めから自分の中にあって、それが何か理解した上で生かすもの　Ｄ．仕事や出会いによって変化し、あわてて探し求めなくても自然とにじみ出る

課題2　（Aの例文）私はだれにでも友達と話すような話し方をしてしまうからです。例えば、授業で校長先生にインタビューしたとき、「校長先生、何が好きなん。」と言ったことがありました。担任の先生に「好きですか、でしょ。」と注意されたので、「校長先生は何が好きですか。」と言い直しました。これからは、目上の人と話をするときや授業中の発言では、「です」や「ます」をつけるなど、相手の立場や状きょうを考えた言葉を使うようにします。

課題3　(1)南に向かって約 300m進むと神社があるので，その交差点を西に曲がって約 100m進むと目的地の図書館に着く。　　(2)資料１から読み取ったこと…森林におおわれている割合が大きいほど生息している絶めつ危ぐ魚種の数が多いことが分かる。　資料２から読み取ったこと…森林の多い山は森林の少ない山にくらべて，川や海の生き物が必要とする栄養が多く流れ出して，多くの種類の魚がいることが分かる。　森林が漁業にあたえるえいきょう…森林の働きによって，多くの種類の魚が生息することができるようになり，漁かく量の増加にえいきょうをあたえている。　　(3)林業で働く人の減少と高れい化の課題を解決するために，森林かん境税を林業に必要な機械を買うための補助金として使うことによって，少ない人数や高れい者でも森林の手入れがしやすくなる。

《解　説》

課題1

(2) 動けなくなっているムカデの姿が，何をたとえたものかを読み取る。【しょうかいしたい本の一部】に「ムカデは～考えこんでしまいました。そして考えすぎてわからなくなって，動けなくなってしまいました。若い人を見ていると，同じようなことを感じることがあります～考えすぎてしまうのです」とある。

(3)B　【しょうかいしたい本の一部】に「仕事というのは，やってみなければわからないところがあります。１年，２年と続けていくうちに，この仕事は好きかもしれないな，これが天職かもしれないと思い始めることはよくあります」とある。筆者は，自分らしい仕事かどうかわからなくても，まずはやってみてしばらくつづけることで自分らしい仕事だと感じることがよくあるということを言っている。　　Ｃ　【しょうかいしたい本の一部】に「いまの世の中には『自分らしく生きなければならない』『自分の個性を発揮できるような仕事を選ばなければならない』といった妙（みょう）な圧力があるように思います」とある。これは，個性というものが最初から自分の中にあって，それを理解した上で，それに合った仕事を選ばなければならないという考え方である。　　Ｄ　【しょうかいしたい本の一部】に「ある時点の自分らしさに基づいて仕事を決めようとしても，仕事に磨（みが）かれたり，いろいろな人と出会うことで自分らしさは変化していきます。私が皆（みな）さんにお伝えしたいことは，自分らしさということを焦（あせ）って探し求めなくてもいいということです。たとえ人と同じことをやっていても自然とにじみ出てくるもの，それが個性で

あり，自分らしさです」とある。つまり，筆者が考える「個性」とは，<u>仕事や人との出会いで変化するものであり，</u>
<u>あわてて探すようなものではなく，自然とにじみ出てくるもの</u>である。

課題3

(1) 解答例の経路を右図の中に線で示した。解答例以外
に，「西に向かって約200m進むと神社があるので，その
交差点を南に曲がって約300m進むと郵便局が見える。
その交差点を東に曲がって約100m進むと目的地の図書
館に着く。」でもよい。

(2) **資料1から読み取ったこと**…流域の森林については
「おおわれている割合」であること，絶めつ危ぐ魚種に
ついては「数」であることに注意する。当然，「森林に
おおわれている割合が小さいほど生息している絶めつ危
ぐ魚種の数が少ないことが分かる」でもよい。**資料2から読み取ったこと**…森林の多い山から多くの栄養が流れ
出ていること，その結果，河口や海に多くの種類の魚がいることを読み取る。**森林が漁業にあたえるえいきょう**
…森林の働きによって，栄養分が海に流れ出て，多くの種類の魚が住むようになったり，魚や貝にとってよい環
境がつくられたりするため，「森は海の恋人」であるとして，海で養殖業を営む人が山に植林をすることもある。

(3) 資料4から，林業で働く人の数が減少していること，林業で働く人の高齢化が進んでいることの2点を読み
取る。森林環境税の実際の活用例には「林業研修制度による担い手の確保」などがある。「林業研修制度による担
い手の確保」は林業で働く人の数の減少や高齢化を抑えることが期待できる。

《解答例》

課題1 (1)28.8　(2)最も勢いよく燃える組み合わせ…②，ア　説明…あたためられた空気は上へ動くので，下から上への空気の出入りが多く，木に新しい空気がふれやすくなっているから。　※(3)79800

課題2 (1)ク　(2)記号…ア　説明…ふりこが1往復する時間は，ふりこの長さによって変わる。ふりこの長さは糸をつるす点からおもりの中心までの長さなので，ふりこAのふりこの長さが85cm，ふりこBが90cmとなり，ふりこAの方がふりこの長さが短いから。　(3)変化した重さが増えているのは，空気中の水じょう気が氷水によって冷やされてビーカーの表面に水てきとしてつくことが大きく関わり，変化した重さが減っているのは，水がじょう発し空気中に水じょう気として出ていくことが大きく関わっているから。

課題3 (1)4，5，6のうち1つ

(2)右図などから1つ

※(3)記号…イ，エ

12月に図書館を利用した人数…81

※の説明は解説を参照してください。

《解　説》

課題1

(1) 令和3年度のリサイクル率は30%，目標は33%であったから，目標に33－30＝3（%）だけ届かなかったことになる。1人あたりの1日のごみの量は960gだったから，1人あたり1日あと960×0.03＝28.8（g）のごみをリサイクルすればよかった。

(2) ものが燃えるには新しい空気(酸素)が必要である。ものを燃やしたあとの空気は酸素が不足するため，ものを燃やし続けることができない。ものを燃やした後の空気と新しい空気が効率よく入れかわるようにすると，ものは勢いよく燃える。ものを燃やした後のあたたかい空気は軽くなって上に移動するので，下から新しい空気が入ってくるようにすることで空気の流れができ，木が勢いよく燃える。また，間をあけて木を入れることで，木に新しい空気がふれる面積が広くなる。

(3) 図3で積まれたベールを手前から3つの段に分けると右図のようになり，ベールは全部で2＋5＋7＝14(個)積まれているとわかる。

また，1つのベールにおし固められているペットボトルを，持ち込まれた2Lと500mLのペットボトルの割合と同じと考えると，2Lのペットボトル1本につき500mLのペットボトルが5本あるから，これを1セットとしたときの重さは50＋30×5＝200（g）である。

ベール1つの重さが190kg＝(190×1000)g＝190000gだから，1つのベールには190000÷200＝950(セット)の空のペットボトルがふくまれる。よって，1つのベールには空のペットボトルは(1＋5)×950＝5700(本)入っているので，求める本数は5700×14＝79800(本)である。

課題2

(1)　図2のア～クのボールはすべて左半分が光っている。よって，アは光っている部分が全く見えない新月，オは光っている部分がすべて見える満月の位置である。さらに，ウは左半分が光って見える半月(下弦の月)，キは右半分が光って見える半月(上弦の月)の位置である。月は，新月→上弦の月→満月→下弦の月→次の新月…という順に約30日の周期で満ち欠けする。図1の月は，右側が上弦の月よりも細く光って見えるから，新月から上弦の月になる間のクの位置にある月である。

(2)　ふりこが1往復する時間はふりこの長さによって決まっていて，ふりこの長さが短いほどふりこの周期も短くなる。図3において，ふりこの長さは糸の長さではなく，糸をつるす点からおもりの重さがかかる点(重心)までの長さである。重心は球形のボールの中心にあるので，Aでは糸の長さ80cmとボールの半径5cmの和である85cm，Bでは糸の長さ80cmとボールの半径10cmの和である90cmがふりこの長さである。

(3)　はじめは氷水が冷たく，空気中の水じょう気が冷やされて水てきに変化することで重さが増えていくが，時間が経過して氷がとけ，水の温度が高くなっていくと，水じょう気が水てきに変化しなくなり，水てきが水じょう気に変化して空気中に出ていくことで重さが減っていく。

課題3

(1)　一の位を四捨五入して20になる整数は，15から24までの整数であり，これらから4を引いた整数は15－4＝11から24－4＝20までの整数である。11から20までの整数のうち，3の倍数は12，15，18だから，元の数は12÷3＝4，15÷3＝5，18÷3＝6より，4，5，6のうちから1つを答えればよい。

(2)　44以上の整数から1つ選んで，積がその数になる3つの整数の組み合わせを探す。3つの整数は直方体の縦，横，高さになるが，ふたがないので，縦と横の長さを3つの数のうち大きい2数にすると，使う木材の面積を減らすことができる。

例えば44を選ぶと，44＝2×2×11だから，どこかに11cmの辺を作らなければならないので，このような直方体は作れない。このことから，3つの数の差をなるべく小さくした方がうまく切り分けられそうだとわかる。

45を選ぶと，45＝3×3×5であり，解答例のように容積が45cm³になる切り分け方が見つかる。

他にも，48＝2×4×6や，50＝2×5×5などから，切り分ける方法を見つけられる。

(3)　4月をもとにしたときの5月の人数の割合は60÷80＝0.75だから，アは正しい。

5月をもとにしたときの6月の人数の割合は60÷60＝1だから，イは正しくない。

6月をもとにしたときの7月の人数の割合は150÷60＝2.5だから，ウは正しい。

7月をもとにしたときの8月の人数の割合は120÷150＝0.8だから，エは正しくない。

以上より，まちがっている点はイとエである。

次に，8月をもとにした12月の人数の割合は，0.4×1.25×0.9×1.5＝0.675だから，12月に図書館を利用した人数は120×0.675＝81(人)である。

《解答例》

課題1　(1)新体操／少人数／大自然／不完全 などから2つ　　(2)人は背伸びしようとしないから。　　(3)A．知っている言葉でもさらに深く調べたりする　B．主人公に自分のどこかが重なり、ほかの人が考えること　C．言葉を味方にして、その時々の状況にふさわしい答えを探しながら進んでいく

課題2　(例文)算数で習った割合が役に立ちました。文ぼう具を買いに行ったときに、値札に二〇％引きと書かれていたので、もとの値段に〇．八をかけて、割引後の値段を計算することができました。買い物の時に、レジに行く前にいくらになるのか計算できるのは大事なことだと思います。また、金魚に塩水浴をさせるときも、どのくらいの塩分のう度にするのかを調べ、何リットルの水に対して、何グラムの塩が必要か計算することができました。

課題3　(1)船はトラックと比べて輸送したきょりが長いためと考えられる。　　(2)トラックは二酸化炭素のはい出量が船や鉄道よりも多く、比かく的二酸化炭素のはい出量が少ないハイブリッド車が増えていることから、今後も続けてハイブリッド車を増やしていくことが考えられる。　　(3)午前便の荷物を配達したトラックはバス停Eで待つ。午後便の荷物は、別のトラックで配送センターからバス停Aに運んだ後、午後1：20発のバスでバス停Aからバス停Eに運び、待っているトラックにのせかえる。その後、トラックでE地区の家と配送センターまでの道中にある家に配達を行い、配送センターまでもどる。

《解　説》

課題1

(2)　「自分にとって快適で慣れた環境(かんきょう)」である「コンフォート・ゾーン」では、「成長もない」。その理由について、次の段落で「人が成長するためには、少しだけ背伸びが必要です」と述べている。

(3)A　──線部イの直前に「はじめての表現の手触(ざわ)りを確かめたり、あたりまえの言葉の底をのぞいたりしなければ」とあるから、下線部のようにすれば、「隠された宝物(たからもの)」に出会えるのである。この部分の前半の「はじめての表現の手触りを確かめたり」を、　A　の直前で、「今まで使ったことのない言葉を使ってみたりする」と言いかえているので、後半の「あたりまえの言葉の底をのぞいたり」の部分を、具体的な言葉でまとめる。

B　──線部ウ「文学は実学である」と言えることについて、直後で文学作品の具体例をあげ、「そのような主人公に自分のどこかが重なります。ほかの人はこう考えるのかと目を開かされます。文学を読むと、現実では遭遇(そうぐう)できないことを深く体験できるのです」と述べている。　　C　「先の見えない世界を乗り越えて」いくには、どうすればよいと本文で述べられているか。最後の2段落で「変化し続ける先の見えない世界。正解が一つではない場所で、自分を知り、その時々の状況(じょうきょう)にふさわしい答えを探しながら進んでいきます。そこで味方になるのは～七変化する言葉です」と述べているので、この部分をまとめる。

課題3

(1)　輸送トン数に比べて輸送トンキロでは、トラックの割合は減少し、船の割合は増加しているので、輸送トンキロを求める計算式のかける数(輸送したきょり)は、トラックが小さく、船が大きいと考えられる。船は重く、大きいものを長きょり輸送するのに適しており、海外から輸入した石油や石炭などの資源の輸送には船が使われる。

(2) 資料3から，トラックでの輸送は，鉄道や船に比べて二酸化炭素のはい出量が多いこと，資料4から，トラックのハイブリッド車の台数が平成30年以降，急激に増えていることが読み取れる。二酸化炭素は地球温暖化の原因となる温室効果ガスの一つであり，ハイブリッド車は，軽油で動くエンジンと電力で動くモーターを組み合わせて走行することから，ガソリン車に比べて二酸化炭素のはい出を抑えることができる。他の工夫として，トラック輸送から，二酸化炭素のはい出量が少ない鉄道や船での輸送に切り替えていくこと(モーダルシフト)も考えられる。

(3) 現在の配達方法では，トラックが「配送センター→バス停A→バス停E→E地区→バス停E→バス停A→配送センター」の道順を午前と午後で1回ずつ，計2回くり返すことになる。バス停A→バス停Eは路線バスを活用することができるので，午前便の配達後，配達センターに届いた午後便の荷物を取りに，わざわざ配送センターにもどっていたのをやめることができる。午前にE地区を回ったあと，バス停Eに待機しておき，別のトラックがバス停Aまで午後便の荷物を運び，路線バスに荷物をのせかえればよい。路線バスの時刻表は，バス停Aを午後1：20に出発し，バス停Eに午後1：50に着くので，午後の配達にも間に合う。このように乗客と荷物の輸送を一緒に行う取り組みを貨客混載という。

《解答例》

課題1　(1)$\frac{1}{10}$　(2)太郎のカード…0，4，8　花子のカード…1，3，7　進のカード…2，5，6

　　　※(3)A→C〔別解〕D→B

課題2　(1)115　(2)記号…②／21.5　※(3)1，12

課題3　(1)ベンチ…B　説明…このあと太陽は西に動くから，かげは太陽の反対の東にできる。だから，木のかげの西にあるベンチBはかげに入らない。　(2)予想…小さいいすの方が長いきょりを走らせることができる。

　　予想を確かめる2台の部品…右表　(3)特ちょう…コーンスープは時間の経過とともに，上部と下部の温度差が大きくなる。　説明…コーンスープの温められた部分は上に動きにくく，全体が温まりにくいから。

	車体	タイヤ	いす
1台目	ア	ウ	オ
2台目	ア	ウ	カ

※の説明は解説を参照してください。

《解　説》

課題1

(1)　はじめにあったピザの大きさを⑩とする。太郎さんが切り取ったピザの大きさは⑩×$\frac{1}{5}$＝②，花子さんが切り取ったピザの大きさは②÷2＝①，進さんが切り取ったピザの大きさは②×3＝⑥だから，残っているピザの大きさは，⑩－②－①－⑥＝①である。よって，残っているピザの大きさは，はじめにあったピザの大きさの$\frac{①}{⑩}=\frac{1}{10}$(倍)になっている。

(2)　太郎さんの3つの数字はすべて偶数で，3つの数字の積が0になるから，3つの偶数のうち，1つは必ず0がふくまれる。花子さんは3つの数字の積が21の倍数で，21＝3×7だから，3つの数字には必ず3の倍数である3か6と，7の倍数である7がふくまれる。また，3つの数字の和が奇数になるから，3と7がふくまれれば残り1つは奇数で，6と7がふくまれれば残り1つは偶数である。進さんは3つの数字の積の一の位の数字が0になり，10＝2×5だから，3つの数字には必ず2の倍数(偶数)と5の倍数である5がふくまれる。また，3つの数字の積が3で割り切れる，つまり，3つの数字の積が3の倍数になるから，3つの数字には必ず3の倍数である3か6がふくまれる。まとめると右表のようになる。花子さんのカードで場合を分けて考える。

太郎	(0，偶，偶)	
花子	(3，7，奇)か	(6，7，偶)
進	(5，3，偶)か	(5，6，？)

花子さんが(3，7，奇)の場合，奇数はあと1しか残っていないから，花子さんは(1，3，7)となる。

太郎さんは(0，偶，偶)，進さんは(5，6，？)で，残っているカードは2，4，8だから，2，4，8が「偶」と「？」にどのように割りふられてもよい。解答例はこの場合の組み合わせの1つの例であり，他にも解答が考えられる。

花子さんが(6，7，偶)の場合，太郎さんは(0，偶，偶)，進さんは(3，5，偶)で，残っている偶数は2，4，8だから，偶数が足りない。よって，この場合に条件に合う組み合わせはない。

(3)　ケーキの代金の合計は300×3＝900(円)なので，商店で買うものの代金の合計が1500－900＝600(円)以内ならよい。商店Aは定価だと100×3＋180×2＝660(円)，セールだと660×(1－0.2)＝528(円)になる。商店Bは定価だと120×3＋200×2＝760(円)，セールだと760×(1－0.3)＝532(円)になる。よって，どちらの商店に行

く場合も，タイムセール中に行かなければならない。また，午前10時から11時までの1時間のうち，買い物に使った時間の合計は15＋5＝20（分）なので，移動に使った時間は1時間－20分＝40分までである。

商店Aに行く場合，自転車の速さは分速200m＝分速0.2kmだから，商店Aとケーキ屋Cに行くとすると，移動にかかる時間は(2.0＋2.2＋3.4)÷0.2＝38(分)なので条件に合う。商店Aとケーキ屋Dに行くとすると，移動にかかる時間は(2.0＋3.0＋3.6)÷0.2＝43(分)なので条件に合わない。

先に商店Aに行くと，10時＋(2.0÷0.2)分＋15分＝10時25分に買い物がすむので，タイムセール中に買える。よって，A→Cの順で行けばよい。

商店Bに行く場合，商店Bとケーキ屋Cに行くとすると，移動にかかる時間は(2.6＋2.6＋3.4)÷0.2＝43(分)なので条件に合わない。商店Bとケーキ屋Dに行くとすると，移動にかかる時間は(2.6＋1.6＋3.6)÷0.2＝39(分)なので条件に合う。先に商店Bに行くと，10時＋(2.6÷0.2)分＋15分＝10時28分に買い物がすむので，タイムスール中に買えない。先にケーキ屋Dに行くと，10時＋(3.6÷0.2)分＋5分＋(1.6÷0.2)分＋15分＝10時46分に買い物がすむので，タイムセール中に買える。よって，D→Bの順で行けばよい。

課題2

(1) 図2について，右のように作図する。折って重なる角の大きさは等しいので，

角a＝35°　　　よって，角b＝90°－35°×2＝20°

角c＝90°÷2＝45°なので，三角形の内角の和より，角⑤＝180°－20°－45°＝115°

(2) 図5について，折り目と点Aを書き込み，切り取る部分を斜線(しゃせん)で表すと，右図のようになるから，⊗のように切ったことがわかる。

斜線部分の4つのおうぎ形を合わせると，半径が10÷2＝5（cm）の円になるから，

図5の面積は，1辺の長さが10cmの正方形の面積から，半径が5cmの円の面積をひけばよい。求める面積は，10×10－5×5×3.14＝100－78.5＝21.5（cm²）

(3) 板の面積は，｛(7＋10)×2÷2｝×2＝34（m²）

太郎さんは3m²を0.2時間＝(0.2×60)分間＝12分間でぬるので，1分間にぬる面積は，3÷12＝$\frac{1}{4}$（m²）

花子さんは2m²を0.15時間＝(0.15×60)分間＝9分間でぬるので，1分間にぬる面積は，2÷9＝$\frac{2}{9}$（m²）

2人の1分間にぬる面積の和は，$\frac{1}{4}＋\frac{2}{9}＝\frac{9}{36}＋\frac{8}{36}＝\frac{17}{36}$（m²）だから，求める時間は，34÷$\frac{17}{36}$＝72（分），つまり，1時間12分である。

課題3

(1) かげが北向きにできているから，このとき太陽はその反対方向の南にあり，正午ごろだと考えられる。よって，この後，太陽は西の地平線に向かって動くので，かげができる方位は少しずつ東へ動いていく。図1では，左が東，右が西だから，木のかげの西にあるベンチBは，この後，木のかげの中に入ることはない。

(2) 1台目と2台目で，調べたいことの条件のみが異なるように2台の部品を組み合わせればよい。解答例では，いすの大きさのちがいに着目している。組み合わせる車体はアとアでなく，イとイでもよく，タイヤもウとウではなく，エとエでもよい。解答例以外でも，車体をアとイにして，タイヤといすをどちらも同じものにしたり，タイヤをウとエにして，車体といすをどちらも同じものにしたりすることで，車体の形のちがいやタイヤのはばのちがいについても調べることができる。

(3) 水は温められると軽くなって上に移動し，そこに温まっていない水が流れこんでくる。この動きがくりかえされることで，全体が温まっていく。このような熱の伝わり方を対流という。また，冷ますときも同様に，空気に直接ふれる水の上部が冷めると重くなって下に移動し，上部に温かい水が移動してくる。コーンスープはねばりけがあり，対流が起こりにくいため，上部と下部の温度の差が大きくなる。

《解答例》

課題1　(1)発表／発見／発送／開発／出発／告発 などから4つ　　(2)部首／部首が「ごんべん」なので、部首さく引の「ごんべん」で調べる。　総画／画数が十六画なので、総画さく引の十六画で調べる。　音訓／読みが「かい」なので、音訓さく引の「かい」で調べる。 から2つ　　(3)A．桜が静かに散る光景を、大きな音が聞こえるような世界ととらえている。　B．いやな病気をうれしいものだととらえている。　　(4)あえて常識とことなる考え方をしたり、マイナスをプラスに変えて表現したりすることで、逆境をのりこえる力を生み出し、言葉を通して他者と心を通わせることができる

課題2　(例文)おくる言葉…協力

　　　　　私は、五年生に「協力」という言葉をおくります。最上級生には、リーダーとしての役割がたくさんあります。その中の一つとして、私達六年生は、あいさつ運動に取り組みました。その結果、全校児童のあいさつに対する意識が高まったと思います。この取り組みは、六年生全体の協力なしでは、成果をあげられなかったと思います。新六年生には、一年間「協力」という言葉を忘れずにがんばってほしいと思います。

課題3　(1)新潟市は冬の降水量が多いが，佐賀市は冬の降水量が少なく，雪が少ないことがわかるので，佐賀市で二毛作がさかんに行われているといえる。　　(2)お墓…米づくりが始まったことで，米づくりを指導する人があらわれ，そのような人々が強い力をもち，むらを支配するようになったから。　矢じり…米づくりが始まったことで，水田やたくわえている米などをめぐって，争いが起こるようになったから。　　(3)(例文)目の不自由な人がいた場合，一人で移動するのがむずかしいので，き険な場所を知らせながらひ難所まで付きそう。

《解　説》

課題1

(3)A　Aの俳句のあとに、「音もなく 桜 の花が散る、美しい光景です。しかし又吉さんは、その静 寂 を『爆音』だととらえました」とある。　B　Bの俳句のあとに「くだものが大好きな子規は、山盛りの 苺 を用意してもらえるのも病気になったおかげだ、病気は嬉 しいものだなあ、と詠みました。ふつう、病気は嫌 なものです。でも、子規はあえて、発想を変えました」とある。

(4)　AとBの俳句は、常識とは異なる考え方やとらえかたをしている。これらをふまえ、俳句の力について「あえて常識にそむき、違 う考え方を採用してみることで、逆境をのりこえる力が生まれ、自分とは異なる他者への理解も深まります」と述べている。また、「思考に角度をつけ、マイナスをプラスに変えてみましょう」ともある。Cの俳句のあとには、この俳句の内容をふまえて、「言葉を通して、他者と心を通わせる経験は、きっとみなさんの財産になります」と述べている。

課題3

(1)　資料1より、小麦の種まきが11月に始まり、小麦の収かくの5月まで、小麦のさいばいが続くことに着目する。資料2の12月・1月の降水量(降雪量)を見ると、新潟市は150㎜以上と多いが、佐賀市は50㎜ほどと少ないことが読み取れるので、雪の積もらない佐賀市で二毛作がさかんに行われていると導きだせる。

(2)　お墓の大きさに違いが生まれたことから、米づくりが広まっていた弥生時代には、支配する者と支配される者の身分の差がはっきりとしていたと導きだせる。また、重くて丈夫な金属製の矢じりがつくられるようになったこと

から，弥生時代には武器として人間に使われるようになったと導きだせる。

(3) ひ難行動要支えん者には，足の不自由な人や一人暮らしの高れい者，日本語のわからない外国人なども含まれる。災害発生時，危険を察知したり，状況を判断したり，自力でひ難したりすることが困難な人たちをできる範囲内で助けて，情報の伝達やひ難誘導を行うようにしよう。

《解答例》

課題1　⑴太郎…12　花子…16　※⑵増えた後の参加者…60　あめ…296，297，298，299 のうち1つ　袋…80

⑶考えられる太郎の得点…6点，8点，9点，10点

［選んだ太郎の得点，花子の得点，進の得点，陽子の得点］＝［6，3，8，9］，［6，3，7，9］，

［6，15，10，9］，［8，3，10，12］，［8，6，10，12］，［8，9，10，12］のうち1つ

課題2　⑴136.56　※⑵あ，い

※⑶たて…4　横…30　使う画びょうの個数…155　〔別解〕たて…5　横…24　使う画びょうの個数…150

課題3　⑴右図　⑵食塩水A，Bからそれぞれ同じ重さを電子てんびんではかりとり，蒸発皿に入れ

てアルコールランプで加熱する。出てきた食塩の重さを電子てんびんではかり，重いほうが濃

い食塩水である。　⑶説明…夏は浸水時間が30分の時，吸水量が18％である。冬に吸水量

が，夏と同じ18％となるのは60分の時である。したがって60分の浸水時間が良いと考えられ

る。／60

※の説明は解説を参照してください。

《解　説》

課題1

⑴　太郎さんは 0.8÷4 ＝0.2(時間)，つまり，0.2×60＝12(分)かかる。

花子さんは 3.2÷12＝$\frac{4}{15}$(時間)，つまり，$\frac{4}{15}$×60＝16(分)かかる。

⑵　12人増えたことで使用する袋が12枚増えた。この枚数は，全部の袋の枚数の$\frac{3}{4}$－$\frac{3}{5}$＝$\frac{3}{20}$にあたるから，全部の袋の枚数は，12÷$\frac{3}{20}$＝80(枚)である。12人増える前は80×$\frac{3}{5}$＝48(枚)の袋を使ったから，増える前の参加者の人数は48人，増えたあとの参加者の人数は48＋12＝60(人)である。

増える前の48枚の袋に6個ずつ入れてもあめは余ったから，あめの個数は，6×48＝288(個)より多い。

増えたあとの60枚の袋のうち59枚にあめが5個ずつ，最後の1枚にあめが1～4個入っているので，あめの個数は，5×59＋1＝295＋1＝296(個)以上，295＋4＝299(個)以下である。

以上より，あめの個数は，296個，297個，298個，299個のいずれかである。

⑶　4つの的の合計得点は，1＋2＋3＋5＝11(点)であり，太郎さんはこのうち1つにだけ当てなかったから，考えられる太郎さんの得点は，11－5＝6(点)，11－3＝8(点)，11－2＝9(点)，11－1＝10(点)である。

「全員の得点はちがう」「進さんは2位」という条件を考えずに，花子さん，進さん，陽子さんの考えられる得点を調べると，次のようになる。

花子さんは，1×3＝3(点)，2×3＝6(点)，3×3＝9(点)，5×3＝15(点)である。

進さんは右表Ⅰのようになるから，2点，3点，4点，5点，6点，7点，8点，10点である。

表Ⅰ

	1	2	3	5
1	2	3	4	6
2	3	4	5	7
3	4	5	6	8
5	6	7	8	10

陽子さんは，6×1.5＝9（点），8×1.5＝12（点），10×1.5＝15（点）である。

陽子さんの得点を決めると太郎さんの得点が決まり，2位になるため
の進さんの得点が限られてくる。したがって，陽子さんの得点を決め
てから，条件に合うように4人の得点を決めればよい。

考えられる得点の組み合わせは右表Ⅱの6通りある。

表Ⅱ

太郎さん	6点	6点	6点	8点	8点	8点
花子さん	3点	3点	15点	9点	6点	3点
進さん	8点	7点	10点	10点	10点	10点
陽子さん	9点	9点	9点	12点	12点	12点

課題2

(1) 角の4つのおうぎ形を合わせると半径2cmの円になる。よって，写真の面積は，半径2cmの円と，縦6cm，
横10cmの長方形と，縦6cm，横2cmの長方形2つと，縦2cm，横10cmの長方形2つの面積の和だから，

$2×2×3.14＋6×10＋6×2×2＋2×10×2＝12.56＋60＋24＋40＝136.56（cm^2）$

(2) 1つの点にしきつめたい図形の内角を集めて360°を作ることができれば，その図形を使ってすきまなく平面
をしきつめることができる。

三角形は内角の和が180°で，180は360の約数だから，どのような
三角形でも必ずしきつめることができる。四角形は内角の和が360°
だから，どのような四角形でも必ずしきつめることができる。した
がって，あ，いはしきつめることができる。実際にしきつめると右
図のようになる。

108と135は360の約数ではないので，う，えはしきつめることができない。

(3) 1行はると縦の長さは51cmになり，残りの縦のスペースは2.5×100－51＝199（cm）となる。さらに1行増や
すごとに縦の長さは51－2＝49（cm）増えるから，199÷49＝4余り3より，縦には最大で1＋4＝5（枚）はるこ
とができる。

1列はると横の長さは36cmになり，残りの横のスペースは10.5×100－36＝1014（cm）となる。

1014÷（36－2）＝29余り28より，横には最大で，1＋29＝30（枚）はることができる。

よって，ポスターは，縦に4枚，横に120÷4＝30（枚）はればよい。このとき，画びょうは縦に4＋1＝5（個），
横に30＋1＝31（個）並ぶから，全部で，5×31＝155（個）ある。

または，ポスターは，縦に5枚，横に120÷5＝24（枚）はればよい。このとき，画びょうは縦に5＋1＝6（個），
横に24＋1＝25（個）並ぶから，全部で，6×25＝150（個）ある。

課題3

(1) 図1より，豆電球のソケットから出る2本の導線のうち，一方は豆電球の側面に，もう一方は豆電球の底面に
つながっている。したがって，ソケットのない豆電球では，側面と底面につながるように回路を作れば，豆電球に
明かりがつく。導線は1本しかないので，解答例のように豆電球とかん電池が接するようにつなぐ。

(2) $〔濃さ（\%）＝\dfrac{とけているものの重さ（g）}{水よう液の重さ（g）}×100〕$より，濃さを見分けるときは，水よう液の重さを同じにして
とけているものの重さ（水を蒸発させて出てくる結晶の重さ）を比べる。

(3) 具体的な値を使って説明する。夏のグラフでは，浸水時間が30分の時，吸収量が18％である。冬のグラフで
同じ吸収量になる時，浸水時間は60分である。

《解答例》

課題1 (1)①空気がすんで、風が心地よい季節になりました。　②多くの方のご参加をお待ちしております。

(2)授業で使う教科書　(3)多くの言葉を知っていれば、それだけ物事を深く考えられるということ。

(4)「人生」にかかわる「読解力」は、言葉の表現者の意図を正確に読み、それを自分の言葉に置きかえてかい
しゃくする力で、自分の想像力や思考力をきたえる必要があるから。

課題2 〈作文のポイント〉

　・最初に自分の主張、立場を明確に決め、その内容に沿って書いていく。

　・わかりやすい表現を心がける。自信のない表現や漢字は使わない。

　さらにくわしい作文の書き方・作文例はこちら！→

　　　　　　　　　　　　　　　https://kyoei-syuppan.net/mobile/files/sakupo.html

課題3 (1)10代から30代は，テレビの視聴時間が減っているがインターネットの利用時間が増えている。一方，40代
から60代は，テレビの視聴時間はほとんど変わらないが，インターネットの利用時間は増えている。

(2)1990年は住まいの購入を考えるような働く世代に，2020年は健康に関心のある高齢の世代に情報を届け
ようとしており，情報の受け手である読者層が変化していると考えられるから。　　　(3)ア．優れたイラストを描
いても発表の機会がなかった　イ．インターネット上に自分の作品を発表し，多くの人から評価を受けること
ができるようになった。

《解　説》

課題1

(1)①　10月の時候のあいさつには、他に「木々の葉が色づいてまいりました」「実りの秋となりました」などがあ
る。　　②　接頭語の「お」や「ご」をつけることで、読む人に敬意を表す尊敬語にできるので、「参加」を「ご
参加」にする。書き手の動作には謙譲語を用いるので、「お〜する」の表現を用いて、「待って」を「お待ちして」
に直す。また、「待ってます」は間違った表現で、本来は「待っています」とするべきである。ここでは、「います」
をさらに丁寧な表現である「おります」に直している。

(2)　直前の2行を参照。「これ」は、学校の授業で使う教科書の内容、具体的には「国語や道徳の授業」で読む
「物語や説明文、伝記など」、「算数や理科の授業」で読む「図形や式、グラフなどの資料」などを指している。

(3)　直前に「ひとは、言葉以外のもので思考できない」とある。言葉を使って思考するのだから、「言語のレベル」
が高い、つまり、〝言葉を多く知っている〟ことで、その言葉を用いて、深く豊かな思考ができるのである。

(4)　「それぞれの『読解力』」とは、①村上さんが昔から国語という教科で求めてきた「読解力」と、②「別の読
解力」である。本文の後半の内容から、①の読解力は「『人生』に直接かかわるもの」で、②「別の『読解力』」
（「昨今話題の『読解力』」）は、「『生活』にかかわるもの」である。問題では②の「生活にかかわる」読解力につ
いては、すでに説明が書かれているので、①の人生にかかわる読解力について説明すればよい。本文□□内の
7〜10行目の「『読解力』とは、言葉の表現者の意図を正確に読み、それを自分の言葉に置き換えて解釈する力
である〜読解力とは想像力、思考力の鍛錬である」からまとめる。

課題3

(1) テレビの視聴時間の変化によって2つのグループに分ける。資料1より，たて軸に着目すると，全世代の矢印が上に伸びていることから，インターネットの利用時間が増えていることがわかる。横軸に着目すると，10代・20代・30代の矢印は左を指していることから，テレビの視聴時間が減っていることがわかる。一方，40代・50代・60代の矢印は左右にほとんど動いていないことから，テレビの視聴時間がほとんど変わっていないことがわかる。

(2) 太郎さんが「1990年は，自動車や住まいに関するものが多いですが，2020年では，健康や医療に関するものが多くなっています」と言っていることに着目する。少子高齢化によって，働く世代が減少して高齢者が増え続けているため，新聞広告のターゲット層も高齢化していった。

(3) 解答例の他，アを「お店の宣伝ができなかった」として，イを「インターネット上に商品の写真や広告を載せて，お客を呼び込むことができるようになった。」とするのも良い。インターネット上では，ＳＮＳなどを利用して無料で発信できるといった長所がある。一方，情報の拡散力があるため，個人に対する誹謗中傷が深刻化しやすいといった短所もあることを覚えておこう。

《解答例》

課題1 (1)1，22　　(2)太郎さんは…231　花子さんは…224

※(3)表…右表／9，63〔別解〕7，81

課題2 (1)76　※(2)[使う長方形のタイルの枚数／あの角度]　[72／5]，

[90／4]，[120／3]，[180／2]，[360／1]から1つ

(3)

などから1つ

	本の冊数				本の冊数		
	本D	本E	本F		本D	本E	本F
10段目	0	0	0	10段目	0	0	0
9段目	13	9	2	9段目	0	0	0
8段目	13	9	2	8段目	0	0	0
7段目	13	9	2	7段目	24	11	0
6段目	13	9	2	6段目	24	11	0
5段目	13	9	2	5段目	24	11	0
4段目	13	9	2	4段目	24	11	0
3段目	13	9	2	3段目	21	13	0
2段目	13	9	2	2段目	0	22	3
1段目	13	9	2	1段目	0	2	15

〔別解〕の表

課題3 (1)太陽の方向に雲がなく夕焼けがきれいに見えるということから，西の空が晴れていることがわかる。天気は西から東に移るので，西の空が晴れているということは，その後の天気は晴れになりやすい。

(2)説明…点B，Cのどちらにくぎを固定しても，糸がくぎにふれているときのふりこの長さは実験2のときと同じなので，実験2のときよりも糸がくぎにふれている時間が短くなる点Cにくぎを固定すればよい。　答…C

(3)説明…空気，水，金属の温度がそれぞれ同じように高くなるとき，もっとも体積の変化が大きいのが空気なので，試験管Cの少量の水が一番上まで動く。また，もっとも体積の変化が小さいのが金属なので，試験管Bの水面が一番低くなり，④が正しく表したものとなる。　正しく表したもの…④

※の説明は解説を参照してください。

《解　説》

課題1

(1)　毎日15ページずつ読むと，320÷15＝21余り5より，21＋1＝22(日)で本を読み終える。1月1日から読み始めるから，終わるのは1月22日である。

(2)　太郎さんは1日目に，$396×\frac{1}{4}＝99$(ページ)，2日目に残り396−99＝297(ページ)の$\frac{4}{9}$である$297×\frac{4}{9}＝$132(ページ)を読み終えたので，2日間で99＋132＝231(ページ)読んだ。花子さんは1日目に138ページ，2日目に$215×\frac{40}{100}＝86$(ページ)を読み終えたので，2日間で138＋86＝224(ページ)読んだ。

(3)　表3から，本D，E，Fのそれぞれの冊数の合計は，45＋72＝117(冊)，33＋48＝81(冊)，9＋9＝18(冊)だから，本D，E，Fのそれぞれの厚さの合計は，2×117＝234(cm)，3×81＝243(cm)，5×18＝90(cm)なので，すべての本の厚さの合計は，234＋243＋90＝567(cm)である。これをすきまなく各段に並べるのだから，本だなの段数は567の約数になる。本だなの横はばは150cm以下なので，567÷150＝3余り117より，本だなの段数は4段以上である。567を素数の積で表すと567＝3×3×3×3×7となり，4以上10以下の567の約数として，7と3×3＝9が見つかるので，本だなの段数は7段か9段である。

本D，E，Fのそれぞれの冊数(117冊，81冊，18冊)が7の倍数か9の倍数ならば，各段に同じ並べ方で本を並べられるので調べてみると，7の倍数はないが，すべて9の倍数であるとわかる。したがって，段数を9段にし，各段に本Dを117÷9＝13(冊)，本Eを81÷9＝9(冊)，本Fを18÷9＝2(冊)並べると，ぴったり並べることができる。このときの本だなの横はばは，567÷9＝63(cm)である。

なお，本だなの段数を7段とする場合は，本だなの横はばは567÷7＝81(cm)となり，解答例のように本をすき

まなく並べることができる。 9段の場合でも7段の場合でも，表は解答例以外にも色々考えられる。

課題2

(1)　多角形の周りの長さは $6 \times 40 = 240$（cm）である。これを円のタイルの円周の長さとすると，円周の長さは（直径）$\times 3.14$で求められるので，直径は，$240 \div 3.14 = 76.4 \cdots$より，上から2けたのがい数にするために小数第1位を四捨五入すると，約76 cmになる。

(2)　二等辺三角形のタイルは右図のように合わせることができるので，

（角あの大きさ）＝（360度）÷（二等辺三角形のタイルの枚数）になることがわかる。使う長方形のタイルの枚数と二等辺三角形のタイルの枚数は等しいので，（角あの大きさ）＝（360度）÷（長方形のタイルの枚数）となり，使う長方形のタイルの枚数が360の約数となれば，角あの大きさは整数となる。長方形のタイルは70枚以上使うので，考えられる長方形のタイルの枚数は，72枚，90枚，120枚，180枚，360枚であり，そのときのあの角度はそれぞれ，$360 \div 72 = 5$（度），$360 \div 90 = 4$（度），$360 \div 120 = 3$（度），$360 \div 180 = 2$（度），$360 \div 360 = 1$（度）である。

(3)　1つの点を中心に180度回転させたとき，もとの図形にぴったり重なる図形を点対称な図形という。また，1つの直線を折り目にして折ったとき，折り目の両側がぴったり重なる図形を線対称な図形という。周りの長さの42 cmは，3 cmの直線 $42 \div 3 = 14$（本）分の長さである。解答例以外に，次のように考えることもできる。

正六角形のタイルを1枚使って，その中心を回転の中心とする。まず正三角形のタイルを2枚，点対称の位置になるように正六角形のタイルにくっつける（図Ⅰ）。次に，ひし形のタイルを2枚，点対称の位置になるように正六角形のタイルにくっつける（図Ⅱ）。最後に台形のタイルを2枚，点対称の位置に置きたい。

図Ⅱでは，図形の外側に3 cmの直線が12本ある。台形のタイル1枚の外側には3 cmの直線が5本あるから，2枚分を図Ⅱの周りの本数と合わせると，$12 + 5 \times 2 = 22$（本）分となる。これを14本にしたいのだから，3 cmの直線が $(22 - 14) \div 2 = 4$（かしょ）でくっつけばよい。つまり，台形のタイル1枚を置くときに，3 cmの直線が $4 \div 2 = 2$（かしょ）でくっつけばよいので，例えば図Ⅲのような置き方ができる。図Ⅲは，点対称だが，線対称ではない図形である。

課題3

(1)　日本付近の上空では，強い西風（偏西風<ruby>へんせいふう</ruby>）がふいているため，雲は西から東へ移動し，天気も西から東へ変化していくことが多い。このことと，夕方の太陽が西の空にあることから，夕焼けがきれいに見えると，次の日は晴れることが多いと考えることができる。これと同じような考え方をもとに，「朝虹<ruby>にじ</ruby>は雨，夕虹は晴れ（朝に虹が見えた日は雨になり，夕方に虹が見えた翌日は晴れになる）」という観天望気がある。

(2)　ふりこが1往復する時間はふりこの長さによって決まっていて，ふりこの長さが長いほどふりこが1往復する時間は長くなる。図1の実験2では，Aの左側を実験1と同じ長さのふりことして動き，Aの右側を実験1より短いふりことして動くため，Aの右側でふりこが短くなった分だけ移動にかかる時間が短くなり，1往復する時間が短くなった。糸がくぎにふれるとふりこの長さが短くなるので，Aのときよりくぎにふれるまでの時間が長くなる（くぎにふれている時間が短くなる）Cにくぎを固定すれば，1往復する時間が（4.0秒よりは短く）Aのときの3.4秒よりは長くなる。

(3)　④〇…ものはあたためられると体積が大きくなる。上昇<ruby>じょうしょう</ruby>した温度が同じとき，体積の増加が大きい順に，空気＞水＞金属となるので，ガラス管内の水面が高い順に，C＞A＞Bとなる。

《解答例》

課題1　(1)[熟語／文]　(例文)[視覚／映像を使って視覚にうったえる。]，[資格／出場資格を得る。]　　(2)頭の中にあらかじめ作ったイメージに徹底的に集中でき、跳ぶことへの恐怖心をなくせること。　　(3)(例文)歩行者用の信号機の中には音の出るものがあって、目の見えない人でも耳で聞いて、渡ってよいときと悪いときが分かるようになっている。　　(4)さまざまな障害を持った人が共に生きる社会になるから、人と人が理解しあうために、相手の体のあり方を知ろうとする

課題2　<作文のポイント>

・最初に自分の主張、立場を明確に決め、その内容に沿って書いていく。

・わかりやすい表現を心がける。自信のない表現や漢字は使わない。

さらにくわしい作文の書き方・作文例はこちら！→

http://bit.1y/JekfSh

課題3　(1)石油化学コンビナートが多いので，関東内陸工業地域にくらべて化学工業生産額の割合が高い。

(2)ア．スーパーマーケットを選んで，スーパーマーケットで集めたペットボトルがどこでリサイクルされているのか調べてみたいと思います。（スーパーマーケットではお客さんからペットボトルを回収するボックスを設置してたくさん集めているので取材をしてみたいと考えました。）　イ．国内処理 12％に対して，輸出が16％もあり，国内処理されるよりも国外へ多く輸出していることが課題だと考えます。輸出するということは他の国に日本のごみを押しつけていることになり，他の国が受け入れなくなったときに国内で処理しきれなくなるからです。

《解　説》

課題1

(2)　「もちろん」で始まる段落に「しかし，『跳ぶ』という肝心の行為に関しては」とあることに着目する。「頭の中にあらかじめ作ったイメージに徹底的に集中することが重要～偶発事を排除した揺るがないイメージに没入することができれば，恐怖心は生まれません」とある。――アのようにすることで，跳ぶことへの恐怖心をなくすことができると筆者は考えている。

(4)　筆者は，――ウのような「超高齢化社会」を，直後に「さまざまな障害を持った人が，さまざまな体を駆使してひとつの社会をつくりあげていく時代」と説明している。そして，最後の段落で「そうなると」と受けて，「人と人が理解しあうために，相手の体のあり方を知ることが不可欠になってくるでしょう」と述べている。

課題3

(1)　資料2より，石油化学コンビナートの数が，関東内陸工業地域は0，瀬戸内工業地域は4つあることがわかる。そのことを踏まえて資料1を見ると，工業生産額はほぼ同額であるにもかかわらず，化学工業生産額の割合が，瀬戸内工業地域は 21％，関東内陸工業地域は9％で，瀬戸内工業地域の方が関東内陸工業地域より2倍以上高いとわかる。

(2)ア　解答例の「ペットボトル」を「食品トレー」「牛乳パック」などにしても良い。また，「どこでリサイクルされているのか」を「何にリサイクルされているのか」にしても良い。ペットボトルは卵パックや衣料品，牛乳パック

はトイレットペーパーなどにリサイクルされている。市役所を選ぶ場合は,「市役所を選んで,リサイクルされるごみをどのように分類して回収しているのか調べてみたいと思います。」などの解答が考えられる。資源として再利用する「リサイクル」,ゴミの発生を抑制する「リデュース」,そのままの形体で繰り返し使用する「リユース」をまとめて３Rと呼ぶ。３Rを進めて新たな天然資源の使用を減らす循環型社会の実現を目指していこう。

イ　リサイクルされているプラスチックのうち,国内処理量は 108 万 t,輸出量は 143 万 t あり,国内よりも国外で処理している量の方が多いことがわかる。解答例のほか,「リサイクルされないまま焼却されているプラスチックが 76 万 t もあり,二酸化炭素を大量に排出していふぁることが課題だと考えます。二酸化炭素などの温室効果ガスが大量に排出されると,地球表面の気温が高くなっていく地球温暖化現象が引き起こされるからです。」なども良い。

《解答例》

課題1　(1)6.96　(2)行き方…D→C　時間…156　費用…2040　〔別解〕行き方…C→D　時間…132　費用…2780
　　　　※(3)32

課題2　(1)4.5

(2)図3…

図4…

※(3)1480

課題3　(1)ウ

(2)1つめの方法と結果…食塩とミョウバンをそれぞれ20℃でとけるだけとかす。とける量が多い方が食塩である。
2つめの方法と結果…水を60℃まであたため，食塩とミョウバンをそれぞれとかす。とける量の少ない方が食塩である。

(3)〔－／＋〕　解答らん①…1個目．〔ウ／エ〕，2個目．〔オ／カ〕

解答らん②…1個目．〔イ／ウ〕，2個目．〔カ／イ〕

※の説明は解説を参照してください。

《解　説》

課題1

(1)　『A→B→C→E→F』と進むときの道のりの長さは，4＋36＋72＋4＝116(km)だから，必要なガソリンの量は，0.06×116＝6.96(L)である。

(2)　時速80km＝分速$\frac{80}{60}$km＝分速$\frac{4}{3}$km，時速40km＝分速$\frac{40}{60}$km＝分速$\frac{2}{3}$kmである。

Aを8時20分に出発して，Fに11時までに着くように行くから，かかる時間が11時－8時20分＝2時間40分＝(2×60＋40)分＝160分以内，またかかる費用が3000円以内となればよい。

(1)のように最も短い道のりで進むと，移動する時間は116÷$\frac{2}{3}$＝174(分)となり，174－160＝14(分)多い。

したがって，例えばB→CをB→D→Cにかえることを考える。B→Cにかかる時間は36÷$\frac{2}{3}$＝54(分)で，B→D→Cにかかる時間は40÷$\frac{4}{3}$＋4÷$\frac{2}{3}$＝30＋6＝36(分)だから，最も短い道のりで行くよりも54－36＝18(分)短くなる。このときに走る道のりは，最も短い道のりで進むときより，40＋4－36＝8(km)長くなって，116＋8＝124(km)だから，かかるガソリン代は10×124＝1240(円)，高速道路の料金は800円である。

よって，A→B→D→C→E→Fで行くと，かかる時間は174－18＝156(分)で，かかる費用は1240＋800＝2040(円)となり条件に合うとわかる。

同じように，C→EをC→D→Eにかえることを考えると，C→Eでかかる時間は72÷$\frac{2}{3}$＝108(分)，C→D→E

でかかる時間は $4 \div \frac{2}{3} + 80 \div \frac{4}{3} = 66$（分）だから，$108 - 66 = 42$（分）短くなる。また，走る道のりは，$4 + 80 - 72 = 12$（km）長くなって $116 + 12 = 128$（km）だから，かかるガソリン代は $10 \times 128 = 1280$（円），高速道路の料金が 1500 円である。よって，A→B→C→D→E→F で行くと，かかる時間は $174 - 42 = 132$（分）で，かかる費用は $1280 + 1500 = 2780$（円）となり条件に合うとわかる。

なお，B→C→E を B→D→E にかえると，かかる時間は 72 分短くなり $174 - 72 = 102$（分）で 160 分以内となるが，かかる費用は $10 \times (4 + 40 + 80 + 4) + 2300 = 3580$（円）で 3000 円以上となるので，条件に合わない。

(3) 時速 10 km ＝分速 $\frac{10}{60}$km ＝分速 $\frac{1}{6}$km である。

C→G を進むのにかかる時間は $(72 - 12) \div \frac{2}{3} = 90$（分），G→E を進むのにかかる時間は $12 \div \frac{1}{6} = 72$（分）だから，C→G→E と進んだときにかかる時間は $90 + 72 = 162$（分）である。また，C→D を進むのにかかる時間は 6 分，D→E を進むのにかかる時間は $80 \div \frac{4}{3} = 60$（分）だから，C→D→E と進んだときにかかる時間は $6 + 60 = 66$（分）である。したがって，C→H→C と進む時間が，$162 - 66 = 96$（分）以内であればよく，C から H までの道のりが $\frac{2}{3} \times 96 \div 2 = 32$（km）より短ければよい。

課題2

(1) 図2の円の周りの長さは，図1の長方形の周りの長さに等しく，$(3 + 4) \times 2 = 14$（cm）である。

したがって，図2の円の直径は，$14 \div 3.14 = 4.45\cdots$ より，4.5 cm となる。

(2) 図3は正方形でも長方形でもない四角形で面積が 20 cm² となればよいので，さまざまな形が考えられるが，平行四辺形や台形を考えるのが簡単であろう。

面積が 20 cm² の平行四辺形で図3の方眼にかけるものは，（底辺）×（高さ）が，5 cm × 4 cm，4 cm × 5 cm となるものが考えられる。また，面積が 20 cm² の台形は，{（上底）＋（下底）}×（高さ）が $20 \times 2 = 40$ となればよく，図3の方眼におさまるものとして，10 cm × 4 cm，8 cm × 5 cm となるものが考えられる。

他にも，2 本の対角線が直角に交わる四角形で（対角線）×（対角線）が 4 cm × 10 cm となるものや，解答例の 3 つめの四角形などさまざまな形が考えられる。

面積が 20 cm² となる正方形を考える。20 は同じ整数を 2 回かけて求めることができず，同じ長さの対角線を 2 回かけて 40 となる対角線の長さを整数で表すこともできない。したがって，考えられる正方形は，右図のような，⑦～㉝を合わせた図形になり，⑦は正方形で，④から㉝までの三角形は合同となる。⑦の正方形は，1 cm × 1 cm，2 cm × 2 cm，3 cm × 3 cm，4 cm × 4 cm が考えられるが，④から㉝までの三角形が合同であることから，⑦の正方形は 2 cm × 2 cm または 4 cm × 4 cm とわかる。また，⑦の正方形が 4 cm × 4 cm とすると，④から㉝までの三角形の面積がそれぞれ 1 cm² とならなければならず，違うとわかる。よって，⑦の正方形が 2 cm × 2 cm，④から㉝までの三角形の面積がそれぞれ 4 cm² となるように作図すると，解答例のようになる。

(3) スポンジケーキの底面の半径が $18 \div 2 = 9$（cm）だから，体積は $9 \times 9 \times 3.14 \times 9 = 729 \times 3.14$（cm³）である。生クリームをぬった後のケーキの底面の半径が $(18 + 1 \times 2) \div 2 = 10$（cm），高さが $9 + 1 \times 3 = 12$（cm）だから，体積は $10 \times 10 \times 3.14 \times 12 = 1200 \times 3.14$（cm³）である。スポンジケーキは 3 等分されているが，スポンジケーキの体積は変化しないから，必要な生クリームの体積は，$1200 \times 3.14 - 729 \times 3.14 = (1200 - 729) \times 3.14 = 471 \times 3.14 = 1478.94$（cm³）となる。よって，求める生クリームの量は，一の位の数を四捨五入して，約 1480 cm³ である。

課題3

(1)　太陽と反対の方角に見える月は満月である。満月から約1週間後の太陽がのぼり始めるころには，南の空で左半分が光って見える下弦の月が見えるので，ウが正答となる。

(2)　図2と図3より，食塩とミョウバンは，水温が50℃のときにはとける量がほとんど同じだが，それ以外の温度ではとける量に差があることがわかるので，水温を50℃以外にして，とける量のちがいを調べる方法が考えられる。なお，水温を60℃にして食塩とミョウバンをそれぞれ15gずつとかした後，水温を下げていくと，ミョウバンだけがとけきれなくなって固体が出てくるので，固体が出てこなかった方が食塩だと確認することもできる。

(3)　解答らん①…表1より，4gのクリップが引きつけられるのはかん電池が直列に2個つながったときである。電流の向きが変わっても，電磁石のN極とS極が入れかわるだけだから，解答例のウとエ，オとカをそれぞれ逆につないでもよい。他にも，[1個目，2個目]を[アとイ，イとウ]，[アとエ，オとウ]，[イとウ，カとイ]，[ウとオ，エとカ]のようにつないでもかん電池が直列に2個つながった回路をつくることができる（1個目と2個目が逆になっていてもよい）。他にもいろいろな組み合わせが考えられるが，どのようなつなぎ方をするにしても，2つのかん電池から流れる電流の向きが同じになるようにつなぐことに注意しよう。解答らん②…解答らん①の解説にある[イとウ，カとイ]では，実験2のように導線をつなぎかえることで，どちらのかん電池も電磁石とつながらなくなる。実験1のつなぎ方では4gのクリップが引きつけられること，実験2のつなぎ方ではかん電池が1つも電磁石とつながらなくなることの2点に注意して，つなぎ方を考えよう。

《解答例》

課題1　(1)ほかのこと／ひたすら

(2)本当にこの知識は正しいのか(。)

(3)①思考のむだを省き、いちいちゼロから考えなくてもすぐに行動できるようにするため。

②偏見や思い込みをもたらす習癖

(4)ひとつの知識だけを単純に信じたりせず、それがいつでも通用する正しい知識かどうか、他の人の見方も確かめながら学んでいくことで、偏見から解放された状態になること。

課題2　(例文)私はスギやヒノキの人工林を減らし、自然に近い多様な木々の生える森を増やすことに挑戦したい。スギやヒノキが多すぎるせいで花粉しょうになる、放置された木々が土砂くずれを起こすなど、様々な問題があるからだ。それらを解決するために将来は森の研究をし、森を変える仕事をしたい。そのための一歩として、中学では理科の勉強をがんばりたいと思う。植物や生態系について学ぶためには、理科が一番適していると思うからだ。

課題3　(1)国産の入荷量が少ない時期にあわせて，外国産を輸入しており，輸入されたアスパラガスが，国産の不足を補っている。

(2)①米と野菜の消費量が減少し，肉類と乳製品の消費量が大幅に増加しているから。

②肉類と乳製品の消費量が増加したにもかかわらず，その2つの自給率が大きく低下したから。

(3)出荷日を見ることで，新鮮な野菜かどうか判断できるということ。／誰が作った農産物かわかっているので，安心して買うことができるということ。

《解　説》

課題1

(1)　「がむしゃらに」は，一つの目的に向かって，その事だけを考えて行動するさま。この意味を□□□に合うように答える。

(2)　□X□の直前で「学んだことを単純(たんじゅん)に信じたりせず，いい意味で批判的(ひはん)にならなくてはいけない」，直後で「ひとつの知識が，いつ何時でも通用すると思い込んでしまうのは，非常に怖(こわ)いこと」と述べていることから読み取る。ひとつの知識をうのみにせず，「本当にこの知識は正しいのか？」などと，立ち止まって考えたり疑問を持ったりする姿勢が必要だということ。そのようなあり方について，□X□の次の段落で「『そういうことが成り立つ場合もあるだろうけれど，それはあくまで誰(だれ)かの個人的な意見かもしれない。僕(ぼく)は他の人の意見も聞きたい』というふうにならなければいけない」と具体的に述べているのも参照。

(3)①　──アの直後の段落で「すべてのことを，ゼロから考えていたのでは間に合わない。あることを経験してうまくいったら，それを頭の中に回路としてつくって，いつもそれを使うようにする。そういう回路を増やしていった」，5段落後で「人間は進化の過程で，いくつかの回路をつくり上げることによって，思考の無駄(むだ)をなくそうとしました」と述べていることに着目し，回路を増やした(＝ある脳(のう)の構造を生み出した)目的をまとめる。

② ——アの５段落後で「人間は進化の過程で，いくつかの回路をつくり上げることによって，思考の無駄をなくそうとしました。しかしそのことで同時に，偏見や思い込みというものを生み出してしまうという習癖（しゅうへき）も，一緒（いっしょ）に身につけてしまった」と述べていることから，下線部をまとめる。

(4) 筆者の言いたいことが主に述べられている，本文最後の３段落に着目する。「学んだことを単純に信じたりせず，いい意味で批判的にならなくてはいけない」「学ぶということは～思い込みや偏見から脱却（だっきゃく）していくこと～『そういうことが成り立つ場合もあるだろうけれど～他の人の意見も聞きたい』というふうにならなければいけない」「偏見から解放されていくためにも，私（わたし）たちはもっと学ばなければいけません」などからまとめる。

課題２

「どのような『千里（せんり）の道』に挑戦（ちょうせん）し」たいのかという大きな目標を書いたうえで，その「一歩」として何をしたいのかを具体的に書いていこう。「理由もふくめて」とあるので，なぜそれを選んだのかがはっきりわかるようにまとめよう。

課題３

(1) 資料１より，外国産のアスパラガスの入荷量が，国内産が少ない10月〜3月の冬場に多いことに着目しよう。アスパラガスは，春先には佐賀県や長崎県，夏場には長野県や北海道などから出荷され，冬場にはメキシコやオーストラリアなどから輸入されるため，１年中出回っている。

(2) 資料２より，1970年と2016年の消費量を比べると，米と野菜は100グラム近く減少しており，肉類と乳製品は100グラム近く増加していることがわかる。1990年代に肉類などの貿易自由化が進んで安い農産物が輸入されるようになったため，消費量が増えても自給率は下がっていった。

(3) 地元産の農産物を地元で消費することを「地産地消」と呼ぶ。地産地消によって，生産者と消費者との距離が近くなり，消費者が安心して農産物を購入できるようになる。また，地元の人々が地元の農家が作った農産品を買えば，その地域のお金は他の地域に流出することなく，地域内で循環する。さらに，輸送距離が少なくなることで，トラックなどから排出される二酸化炭素の量を抑えることができるなどの長所がある。

《解答例》

課題1 (1)62

(2)（ア）と（エ）を使って考えると，（C）より（A）の距離が長いことが分かります。

（ア）と（イ）を使って考えると，（A）より（B）の距離が長いことが分かります。

この2つのことから，（A）～（C）の3つの中で最も距離が長いのは（B）であることが分かりました。別解は解説参照

※(3)57

課題2 (1)30，120　別解は解説参照

(2)

※(3){b＋(a＋b)}×a÷2×4

課題3 (1)ヒトの子どもは子宮の中でへそのおを通して，母親から養分を取り入れている。

(2)8月18日

考えた理由…図3の気象衛星の写真から13時の時点で岡山県は晴れています。

図2のグラフから18日は一日の気温の変化が大きく，昼過ぎに高くなり，

晴れの日を示しています。

(3)調べること…液体の種類

操作②…メスシリンダーで食塩水を100mL はかりとり，もう1つの容器に入れる。

※の説明は解説を参照してください。

《解　説》

課題1

(1)　1m＝100cmなのでそれぞれの記録は，640cm，618cm，610cm，622cm，630cmである。よって，5回の平均は，(640＋618＋610＋622＋630)÷5＝624(cm)，1歩の歩はばは，624÷10＝62.4(cm)なので，約62cmである。

(2)　様々な組み合わせが考えられるが，調べた人が同じ（ア），（エ）や，歩数が同じ（ア），（イ）が比べやすい。この他にも，（ア）と（ウ）を使って考えると，（C）より（A）の距離が長く，（イ）と（エ），（イ）と（ウ）を使って考えると，（C）より（B）の距離が長いとわかる。

2つ目の組み合わせは，1つ目の組み合わせで分かった距離の長い方と，まだ比べていない距離を比べるように選ぶとよい。

(3)　2人とも90歩歩いたとすると，2人が歩いた距離の差は，18×90＝1620(cm)である。実際の2人の歩数の差は126－90＝36(歩)なので，1620cmを香織さんが36歩で歩いたことになり，香織さんの歩はばは1620÷36＝45(cm)とわかる。よって，ろうかの長さは45×126＝5670(cm)なので，約57mである。

課題2

(1) 解答例の他にも、「折り重ねる角度を45度に決めると、あの部分の角度は90度になる。」など解答は多数ある。折り重ねる角度の2倍とあの部分の角度の和が180度になっていればよい。

(2) 図2の紙テープに正三角形の模様をかきこむと右図のようになるので、紙テープをひらくと解答例になる。

(3) 求める面積は、右図太線の台形の面積4個分である。台形の面積は、上底の長さをb cmとすると、下底の長さは(a＋b)cm、高さはa cmなので、｛b＋(a＋b)｝×a÷2 (cm²)である。よって、求める面積は、｛b＋(a＋b)｝×a÷2×4 (cm²)

課題3

(1) 子宮の中のヒトの子どもは呼吸に必要な酸素もへそのおを通してとり入れている。また、二酸化炭素や不要物はへそのおを通して母親(たいばん)へ送っている。

(2) 図3で、白くなっているところに雲があるので、この写真がとられたとき(13時)、岡山県の上空には雲がなく晴れていることがわかる。晴れの日は1日の気温の変化が大きい。また、太陽がのぼると、太陽の熱で地面が温められ、温められた地面が空気を温めるので、太陽が最も高くなる正午より少しあとに気温が最も高くなる。このように気温が変化しているのは8月18日である。

(3) 1つの容器には水を100mL入れてあるので、調べたいことに対してもう1つの容器はこれと条件を1つだけ変えて結果を比べればよい。解答例の他に、「液体の量」と液体の温まり方の関係について調べるために、操作②で「メスシリンダーで水を50mLはかりとり、もう1つの容器に入れる。」ことや、「容器の色」と液体の温まり方の関係について調べるために、操作②で「メスシリンダーで水を100mLはかりとり、黒い油性ペンで外側をぬりつぶしたもう1つの容器に入れる。」ことなどが考えられる。

《解答例》

課題1　(1)①一長一短／自画自賛

(2)動物と違い，植物は移動することができず，生息する環境を選べないこと。

(3)変えてはいけないもの…周りの人にあいさつをすること。／あいさつをかわすことによって，人と人との心をつなぐことができると思うから。

(4)踏まれても立ち上がるという無駄なことにエネルギーを使うのではなく，雑草にとってもっとも重要な，花を咲かせて種子を残すということに最大限のエネルギーを使う生き方。

課題2　（例文）

　私は、夢をかなえるために必要なことは何かと質問されたら「行動」という言葉を選ぶ。なぜなら、夢をみつけたら、まず行動をしなければ、そこから一歩もふみ出せないからだ。私は、じゅう医師になりたいという夢がある。しかし、動物が好きだからという理由だけでは、夢を実現させることはできない。だから、じゅう医師の資格が取れる大学を探して、その大学に進学するという目標を立てて、勉強に取り組んでいる。

課題3　(1)A．アジア　B．4　C．3

(2)D．時代の古いものから案内すること　答え…どの建物も，それぞれの時代の政治の中心だった人が建築にかかわっていること。

(3)E．気候の特色に合わせた家の建て方　考え…観光客がおみやげを買ったり食事をしたりして地域が活気づくが，道路のじゅうたいや交通機関の混雑もおきる。

《解　説》

課題1

(1)　「一長一短」…長所もあるが、短所もあること。「自画自賛」…自分で自分のことをほめること。一字文字目と三文字目に同じ漢字を用いる四字熟語は他に、「一朝一夕」、「一喜一憂」、「一挙一動」、「自業自得」などがある。

(2)　──アと同じことを言っているのが、1行目の「植物は動物に比べて可塑性（＝変化する力）が大きい」という一文。続けて「それは、どうしてだろうか」と原因を問いかけているので、その後に書かれているのが答えに当たる部分。2段落目の「動物は自由に動くことができる～」「しかし、植物は、動くことができない。そのため、生息する環境を選ぶことができないのだ」からまとめる。

(4)　「したたか」は、ねばり強くて、他からの圧力に簡単には屈しないさま。多くの人は雑草に「踏まれても踏まれても立ち上がる」というイメージを持っているが、実際の雑草は、踏まれても「立ち上がらない」。それは踏まれて立ち上がるよりも、もっと強い生き方なのである。その生き方について説明されているのが最後の段落の1～4行目。雑草にとってもっとも重要なことは「花を咲かせて種子を残すこと」で、そのために「踏まれても～立ち上がるという無駄なことにエネルギーを使うよりも、踏まれながらどうやって種子を残そうかと考え」、「最大限のエネルギーを使って～確実に種子を残」してきたのである。

課題2

解答例以外にも「継続」や、「根性」など様々な言葉が考えられる。「その言葉を選んだ<u>理由</u>をあなたを<u>経験</u>をもとに」という条件を落とさないように注意すること。

課題3

(1) A は，先生の「数が最近大きく変化している」という言葉をてがかりに，資料1で 2014 年から 2016 年にかけてのそれぞれの地域の数の変化を比べると，アジアの訪問者数が最も大きく変化していて，約2倍近く増加していることがわかる。B と C は，先生の「2006 年と 2016 年を比べて」という言葉に注目して資料1を見よう。B について，「アジアからの訪問者数」の「増加」は，2042÷524＝3.8 より，小数第1位を四捨五入すると4倍となる。C について，「総数」の「増加」は，2403÷733＝3.2 より，小数第1位を四捨五入すると3倍となる。

(2) D について，資料2の寺院が建てられた時代はそれぞれ，アの金閣が室町時代，イの法隆寺が飛鳥時代，ウの東大寺が奈良時代である。問いの答えについては，それぞれの寺院を建てた人物たちに共通する点を考えよう。アの足利義満は室町幕府の将軍であった。イの聖徳太子は，摂政としておばの推古天皇の政治を補佐した。ウの聖武天皇は，妻の光明皇后とともに仏教の力で国家を守ろうと考えて東大寺に大仏をつくらせた。以上のことから，それぞれの時代の権力者が寺院の建築にかかわっていることを導き出し，まとめよう。

(3) E は，直後の「工夫」に着目して資料3の家の説明文をそれぞれ読むと，①では「雪が積もりにくくなるように」「屋根への日当たりがよくなるように」家を建て，②では「強い風に備えて」家を建てていることがわかる。これらの共通点として，家の建て方において，それぞれの気候に合わせた工夫がされていることを読み取ろう。観光客が増えることの良い影響と悪い影響については，解答例のほか，「地域の伝統文化や自然環境について関心が高まるが，宿泊施設が不足して，宿泊料金が高くなったり，予約が取りにくくなったりする。」などもよい。

■ ご使用にあたってのお願い・ご注意

（１）問題文等の非掲載

　著作権上の都合により，問題文や図表などの一部を掲載できない場合があります。

　誠に申し訳ございませんが，ご了承くださいますようお願いいたします。

（２）過去問における時事性

　過去問題集は，学習指導要領の改訂や社会状況の変化，新たな発見などにより，現在とは異なる表記や解説になっている場合があります。過去問の特性上，出題当時のままで出版していますので，あらかじめご了承ください。

（３）配点

　学校等から配点が公表されている場合は，記載しています。公表されていない場合は，記載していません。

　独自の予想配点は，出題者の意図と異なる場合があり，お客様が学習するうえで誤った判断をしてしまう恐れがあるため記載していません。

（４）無断複製等の禁止

　購入された個人のお客様が，ご家庭でご自身またはご家族の学習のためにコピーをすることは可能ですが，それ以外の目的でコピー，スキャン，転載（ブログ，ＳＮＳなどでの公開を含みます）などをすることは法律により禁止されています。学校や学習塾などで，児童生徒のためにコピーをして使用することも法律により禁止されています。

　ご不明な点や，違法な疑いのある行為を確認された場合は，弊社までご連絡ください。

（５）けがに注意

　この問題集は針を外して使用します。針を外すときは，けがをしないように注意してください。また，表紙カバーや問題用紙の端で手指を傷つけないように十分注意してください。

（６）正誤

　制作には万全を期しておりますが，万が一誤りなどがございましたら，弊社までご連絡ください。

　なお，誤りが判明した場合は，弊社ウェブサイトの「ご購入者様のページ」に掲載しておりますので，そちらもご確認ください。

■ お問い合わせ

　解答例，解説，印刷，製本など，問題集発行におけるすべての責任は弊社にあります。

　ご不明な点がございましたら，弊社ウェブサイトの「お問い合わせ」フォームよりご連絡ください。迅速に対応いたしますが，営業日の都合で回答に数日を要する場合があります。

　ご入力いただいたメールアドレス宛に自動返信メールをお送りしています。自動返信メールが届かない場合は，「よくある質問」の「メールの問い合わせに対し返信がありません。」の項目をご確認ください。

　また弊社営業日（平日）は，午前９時から午後５時まで，電話でのお問い合わせも受け付けています。

―― 2025 春

株式会社教英出版

〒422-8054　静岡県静岡市駿河区南安倍３丁目 12-28

TEL　054-288-2131　　FAX　054-288-2133

URL　https://kyoei-syuppan.net/

MAIL　siteform@kyoei-syuppan.net

2025　18 の 1　倉敷天城中

教英出版　2025年春受験用　中学入試問題集

学校別問題集
★はカラー問題対応

北　海　道
① [市立] 札幌開成中等教育学校
② 藤　女　子　中　学　校
③ 北　嶺　中　学　校
④ 北　星　学　園　女　子　中　学　校
⑤ 札　幌　大　谷　中　学　校
⑥ 札　幌　光　星　中　学　校
⑦ 立　命　館　慶　祥　中　学　校
⑧ 函　館　ラ・サール　中　学　校

青　森　県
① [県立] 三本木高等学校附属中学校

岩　手　県
① [県立] 一関第一高等学校附属中学校

宮　城　県
① [県立] 宮城県古川黎明中学校
② [県立] 宮城県仙台二華中学校
③ [市立] 仙台青陵中等教育学校
④ 東　北　学　院　中　学　校
⑤ 仙　台　白　百　合　学　園　中　学　校
⑥ 聖ウルスラ学院英智中学校
⑦ 宮　城　学　院　中　学　校
⑧ 秀　光　中　学　校
⑨ 古　川　学　園　中　学　校

秋　田　県
① [県立] ⎰大館国際情報学院中学校
　　　　⎱秋田南高等学校中等部
　　　　⎱横手清陵学院中学校

山　形　県
① [県立] ⎰東　桜　学　館　中　学　校
　　　　⎱致　道　館　中　学　校

福　島　県
① [県立] ⎰会　津　学　鳳　中　学　校
　　　　⎱ふたば未来学園中学校

茨　城　県
① [県立] 日立第一高等学校附属中学校
　　　　太田第一高等学校附属中学校
　　　　水戸第一高等学校附属中学校
　　　　鉾田第一高等学校附属中学校
　　　　鹿島高等学校附属中学校
　　　　土浦第一高等学校附属中学校
　　　　竜ヶ崎第一高等学校附属中学校
　　　　下館第一高等学校附属中学校
　　　　下妻第一高等学校附属中学校
　　　　水海道第一高等学校附属中学校
　　　　勝田中等教育学校
　　　　並木中等教育学校
　　　　古河中等教育学校

栃　木　県
① [県立] ⎰宇都宮東高等学校附属中学校
　　　　佐野高等学校附属中学校
　　　　矢板東高等学校附属中学校

群　馬　県
① ⎰[県立] 中央中等教育学校
　⎱[市立] 四ツ葉学園中等教育学校
　⎱[市立] 太　田　中　学　校

埼　玉　県
① [県立] 伊　奈　学　園　中　学　校
② [市立] 浦　和　中　学　校
③ [市立] 大宮国際中等教育学校
④ [市立] 川口市立高等学校附属中学校

千　葉　県
① [県立] ⎰千　葉　中　学　校
　　　　⎱東　葛　飾　中　学　校
② [市立] 稲毛国際中等教育学校

東　京　都
① [国立] 筑波大学附属駒場中学校
② [都立] 白鷗高等学校附属中学校
③ [都立] 桜修館中等教育学校
④ [都立] 小石川中等教育学校
⑤ [都立] 両国高等学校附属中学校
⑥ [都立] 立川国際中等教育学校
⑦ [都立] 武蔵高等学校附属中学校
⑧ [都立] 大泉高等学校附属中学校
⑨ [都立] 富士高等学校附属中学校
⑩ [都立] 三　鷹　中　等　教　育　学　校
⑪ [都立] 南　多　摩　中　等　教　育　学　校
⑫ [区立] 九　段　中　等　教　育　学　校
⑬ 開　成　中　学　校
⑭ 麻　布　中　学　校
⑮ 桜　蔭　中　学　校
⑯ 女　子　学　院　中　学　校
★⑰ 豊島岡女子学園中学校
⑱ 東京都市大学等々力中学校
⑲ 世　田　谷　学　園　中　学　校
★⑳ 広尾学園中学校（第2回）
★㉑ 広尾学園中学校（医進・サイエンス回）
㉒ 渋谷教育学園渋谷中学校（第1回）
㉓ 渋谷教育学園渋谷中学校（第2回）
㉔ 東京農業大学第一高等学校中等部
　　（2月1日 午後）
㉕ 東京農業大学第一高等学校中等部
　　（2月2日 午後）

神奈川県

① [県立] 相模原中等教育学校
　　　　平塚中等教育学校
② [市立] 南高等学校附属中学校
③ [市立] 横浜サイエンスフロンティア高等学校附属中学校
④ [市立] 川崎高等学校附属中学校
★⑤ 聖 光 学 院 中 学 校
★⑥ 浅 野 中 学 校
⑦ 洗 足 学 園 中 学 校
⑧ 法 政 大 学 第 二 中 学 校
⑨ 逗 子 開 成 中 学 校（1次）
⑩ 逗 子 開 成 中 学 校（2・3次）
⑪ 神奈川大学附属中学校（第1回）
⑫ 神奈川大学附属中学校（第2・3回）
⑬ 栄 光 学 園 中 学 校
⑭ フェリス女学院中学校

新潟県

① [県立] 村上中等教育学校
　　　　柏崎翔洋中等教育学校
　　　　燕中等教育学校
　　　　津南中等教育学校
　　　　直江津中等教育学校
　　　　佐渡中等教育学校
② [市立] 高志中等教育学校
③ 新 潟 第 一 中 学 校
④ 新 潟 明 訓 中 学 校

石川県

① [県立] 金 沢 錦 丘 中 学 校
② 星 稜 中 学 校

福井県

① [県立] 高 志 中 学 校

山梨県

① 山 梨 英 和 中 学 校
② 山 梨 学 院 中 学 校
③ 駿 台 甲 府 中 学 校

長野県

① [県立] 屋代高等学校附属中学校
　　　　諏訪清陵高等学校附属中学校
② [市立] 長 野 中 学 校

岐阜県

① 岐 阜 東 中 学 校
② 鶯 谷 中 学 校
③ 岐阜聖徳学園大学附属中学校

静岡県

① [国立] 静岡大学教育学部附属中学校
　　　　（静岡・島田・浜松）
② [県立] 清水南高等学校中等部
　　[県立] 浜松西高等学校中等部
　　[市立] 沼津高等学校中等部
③ 不二聖心女子学院中学校
④ 日 本 大 学 三 島 中 学 校
⑤ 加 藤 学 園 暁 秀 中 学 校
⑥ 星 陵 中 学 校
⑦ 東海大学付属静岡翔洋高等学校中等部
⑧ 静 岡 サ レ ジ オ 中 学 校
⑨ 静 岡 英 和 女 学 院 中 学 校
⑩ 静 岡 雙 葉 中 学 校
⑪ 静 岡 聖 光 学 院 中 学 校
⑫ 静 岡 学 園 中 学 校
⑬ 静 岡 大 成 中 学 校
⑭ 城 南 静 岡 中 学 校
⑮ 静 岡 北 中 学 校
⑯ 常葉大学附属常葉中学校
　　常葉大学附属橘中学校
　　常葉大学附属菊川中学校
⑰ 藤 枝 明 誠 中 学 校
⑱ 浜 松 開 誠 館 中 学 校
⑲ 静岡県西遠女子学園中学校
⑳ 浜 松 日 体 中 学 校
㉑ 浜 松 学 芸 中 学 校

愛知県

① [国立] 愛知教育大学附属名古屋中学校
② 愛 知 淑 徳 中 学 校
③ 名古屋経済大学市邨中学校
　　名古屋経済大学高蔵中学校
④ 金 城 学 院 中 学 校
⑤ 椙 山 女 学 園 中 学 校
⑥ 東 海 中 学 校
⑦ 南 山 中 学 校 男 子 部
⑧ 南 山 中 学 校 女 子 部
⑨ 聖 霊 中 学 校
⑩ 滝 中 学 校
⑪ 名 古 屋 中 学 校
⑫ 大 成 中 学 校
⑬ 愛 知 中 学 校
⑭ 星 城 中 学 校
⑮ 名 古 屋 葵 大 学 中 学 校
　　（名古屋女子大学中学校）
⑯ 愛知工業大学名電中学校
⑰ 海陽中等教育学校（特別給費生）
⑱ 海陽中等教育学校（Ⅰ・Ⅱ）
⑲ 中 部 大 学 春 日 丘 中 学 校
新刊⑳ 名 古 屋 国 際 中 学 校

三重県

① [国立] 三重大学教育学部附属中学校
② 暁 中 学 校
③ 海 星 中 学 校
④ 四日市メリノール学院中学校
⑤ 高 田 中 学 校
⑥ セントヨゼフ女子学園中学校
⑦ 三 重 中 学 校
⑧ 皇 學 館 中 学 校
⑨ 鈴 鹿 中 等 教 育 学 校
⑩ 津 田 学 園 中 学 校

滋賀県

① [国立] 滋賀大学教育学部附属中学校
② [県立] 河 瀬 中 学 校
　　　　守 山 中 学 校
　　　　水 口 東 中 学 校

京都府

① [国立] 京都教育大学附属桃山中学校
② [府立] 洛北高等学校附属中学校
③ [府立] 園部高等学校附属中学校
④ [府立] 福知山高等学校附属中学校
⑤ [府立] 南陽高等学校附属中学校
⑥ [市立] 西京高等学校附属中学校
⑦ 同 志 社 中 学 校
⑧ 洛 星 中 学 校
⑨ 洛南高等学校附属中学校
⑩ 立 命 館 中 学 校
⑪ 同 志 社 国 際 中 学 校
⑫ 同志社女子中学校（前期日程）
⑬ 同志社女子中学校（後期日程）

大阪府

① [国立] 大阪教育大学附属天王寺中学校
② [国立] 大阪教育大学附属平野中学校
③ [国立] 大阪教育大学附属池田中学校

④[府立]富田林中学校
⑤[府立]咲くやこの花中学校
⑥[府立]水都国際中学校
⑦清　風　中　学　校
⑧高　槻　中　学　校（A日程）
⑨高　槻　中　学　校（B日程）
⑩明　星　中　学　校
⑪大阪女学院中学校
⑫大　谷　中　学　校
⑬四　天　王　寺　中　学　校
⑭帝塚山学院中学校
⑮大阪国際中学校
⑯大阪桐蔭中学校
⑰開　明　中　学　校
⑱関西大学第一中学校
⑲近畿大学附属中学校
⑳金　蘭　千　里　中　学　校
㉑金　光　八　尾　中　学　校
㉒清　風　南　海　中　学　校
㉓帝塚山学院泉ヶ丘中学校
㉔同　志　社　香　里　中　学　校
㉕初　芝　立　命　館　中　学　校
㉖関　西　大　学　中　等　部
㉗大　阪　星　光　学　院　中　学　校

兵　庫　県

①[国立]神戸大学附属中等教育学校
②[県立]兵庫県立大学附属中学校
③雲　雀　丘　学　園　中　学　校
④関　西　学　院　中　学　部
⑤神　戸　女　学　院　中　学　部
⑥甲　陽　学　院　中　学　校
⑦甲　南　中　学　校
⑧甲　南　女　子　中　学　校
⑨灘　中　学　校
⑩親　和　中　学　校
⑪神戸海星女子学院中学校
⑫滝　川　中　学　校
⑬啓　明　学　院　中　学　校
⑭三　田　学　園　中　学　校
⑮淳　心　学　院　中　学　校
⑯仁　川　学　院　中　学　校
⑰六　甲　学　院　中　学　校
⑱須磨学園中学校（第1回入試）
⑲須磨学園中学校（第2回入試）
⑳須磨学園中学校（第3回入試）
㉑白　陵　中　学　校

㉒夙　川　中　学　校

奈　良　県

①[国立]奈良女子大学附属中等教育学校
②[国立]奈良教育大学附属中学校
③[県立]｛国　際　中　学　校／青　翔　中　学　校
④[市立]一条高等学校附属中学校
⑤帝　塚　山　中　学　校
⑥東　大　寺　学　園　中　学　校
⑦奈　良　学　園　中　学　校
⑧西　大　和　学　園　中　学　校

和　歌　山　県

①[県立]｛古　佐　田　丘　中　学　校／向　陽　中　学　校／桐　蔭　中　学　校／日高高等学校附属中学校／田　辺　中　学　校
②智辯学園和歌山中学校
③近畿大学附属和歌山中学校
④開　智　中　学　校

岡　山　県

①[県立]岡　山　操　山　中　学　校
②[県立]倉　敷　天　城　中　学　校
③[県立]岡山大安寺中等教育学校
④[県立]津　山　中　学　校
⑤岡　山　中　学　校
⑥清　心　中　学　校
⑦岡　山　白　陵　中　学　校
⑧金　光　学　園　中　学　校
⑨就　実　中　学　校
⑩岡山理科大学附属中学校
⑪山　陽　学　園　中　学　校

広　島　県

①[国立]広島大学附属中学校
②[国立]広島大学附属福山中学校
③[県立]広　島　中　学　校
④[県立]三　次　中　学　校
⑤[県立]広島叡智学園中学校
⑥[市立]広島中等教育学校
⑦[市立]福　山　中　学　校
⑧広　島　学　院　中　学　校
⑨広　島　女　学　院　中　学　校
⑩修　道　中　学　校

⑪崇　徳　中　学　校
⑫比　治　山　女　子　中　学　校
⑬福山暁の星女子中学校
⑭安　田　女　子　中　学　校
⑮広　島　な　ぎ　さ　中　学　校
⑯広　島　城　北　中　学　校
⑰近畿大学附属広島中学校福山校
⑱盈　進　中　学　校
⑲如　水　館　中　学　校
⑳ノートルダム清心中学校
㉑銀　河　学　院　中　学　校
㉒近畿大学附属広島中学校東広島校
㉓Ａ　Ｉ　Ｃ　Ｊ　中　学　校
㉔広島国際学院中学校
㉕広島修道大学ひろしま協創中学校

山　口　県

①[県立]｛下関中等教育学校／高森みどり中学校
②野　田　学　園　中　学　校

徳　島　県

①[県立]｛富　岡　東　中　学　校／川　島　中　学　校／城ノ内中等教育学校
②徳　島　文　理　中　学　校

香　川　県

①大　手　前　丸　亀　中　学　校
②香　川　誠　陵　中　学　校

愛　媛　県

①[県立]｛今治東中等教育学校／松山西中等教育学校
②愛　光　中　学　校
③済美平成中等教育学校
④新田青雲中等教育学校

高　知　県

①[県立]｛安　芸　中　学　校／高　知　国　際　中　学　校／中　村　中　学　校

福 岡 県

① [国立] 福岡教育大学附属中学校
　　　　（福岡・小倉・久留米）
② [県立] 育 徳 館 中 学 校
　　　　 門 司 学 園 中 学 校
　　　　 宗 像 中 学 校
　　　　 嘉穂高等学校附属中学校
　　　　 輝翔館中等教育学校
③ 西 南 学 院 中 学 校
④ 上 智 福 岡 中 学 校
⑤ 福 岡 女 学 院 中 学 校
⑥ 福 岡 雙 葉 中 学 校
⑦ 照 曜 館 中 学 校
⑧ 筑 紫 女 学 園 中 学 校
⑨ 敬 愛 中 学 校
⑩ 久留米大学附設中学校
⑪ 飯 塚 日 新 館 中 学 校
⑫ 明 治 学 園 中 学 校
⑬ 小 倉 日 新 館 中 学 校
⑭ 久 留 米 信 愛 中 学 校
⑮ 中 村 学 園 女 子 中 学 校
⑯ 福岡大学附属大濠中学校
⑰ 筑 陽 学 園 中 学 校
⑱ 九州国際大学付属中学校
⑲ 博 多 女 子 中 学 校
⑳ 東 福 岡 自 彊 館 中 学 校
㉑ 八 女 学 院 中 学 校

佐 賀 県

① [県立] 香 楠 中 学 校
　　　　 致 遠 館 中 学 校
　　　　 唐 津 東 中 学 校
　　　　 武 雄 青 陵 中 学 校
② 弘 学 館 中 学 校
③ 東 明 館 中 学 校
④ 佐 賀 清 和 中 学 校
⑤ 成 穎 中 学 校
⑥ 早 稲 田 佐 賀 中 学 校

長 崎 県

① [県立] 長 崎 東 中 学 校
　　　　 佐 世 保 北 中 学 校
　　　　 諫早高等学校附属中学校
② 青 雲 中 学 校
③ 長 崎 南 山 中 学 校
④ 長 崎 日 本 大 学 中 学 校
⑤ 海 星 中 学 校

熊 本 県

① [県立] 玉名高等学校附属中学校
　　　　 宇 土 中 学 校
　　　　 八 代 中 学 校
② 真 和 中 学 校
③ 九 州 学 院 中 学 校
④ ル ー テ ル 学 院 中 学 校
⑤ 熊 本 信 愛 女 学 院 中 学 校
⑥ 熊 本 マ リ ス ト 学 園 中 学 校
⑦ 熊 本 学 園 大 学 付 属 中 学 校

大 分 県

① [県立] 大 分 豊 府 中 学 校
② 岩 田 中 学 校

宮 崎 県

① [県立] 五 ヶ 瀬 中 等 教 育 学 校
② [県立] 宮崎西高等学校附属中学校
　　　　 都城泉ヶ丘高等学校附属中学校
③ 宮 崎 日 本 大 学 中 学 校
④ 日 向 学 院 中 学 校
⑤ 宮 崎 第 一 中 学 校

鹿 児 島 県

① [県立] 楠 隼 中 学 校
② [市立] 鹿 児 島 玉 龍 中 学 校
③ 鹿 児 島 修 学 館 中 学 校
④ ラ ・ サ ー ル 中 学 校
⑤ 志 學 館 中 等 部

沖 縄 県

① [県立] 与 勝 緑 が 丘 中 学 校
　　　　 開 邦 中 学 校
　　　　 球 陽 中 学 校
　　　　 名護高等学校附属桜中学校

もっと過去問シリーズ

北 海 道

北 嶺 中 学 校
　7年分（算数・理科・社会）

静 岡 県

静岡大学教育学部附属中学校
（静岡・島田・浜松）
　10年分（算数）

愛 知 県

愛 知 淑 徳 中 学 校
　7年分（算数・理科・社会）
東 海 中 学 校
　7年分（算数・理科・社会）
南 山 中 学 校 男 子 部
　7年分（算数・理科・社会）

南 山 中 学 校 女 子 部
　7年分（算数・理科・社会）
滝 中 学 校
　7年分（算数・理科・社会）
名 古 屋 中 学 校
　7年分（算数・理科・社会）

岡 山 県

岡 山 白 陵 中 学 校
　7年分（算数・理科）

広 島 県

広 島 大 学 附 属 中 学 校
　7年分（算数・理科・社会）
広島大学附属福山中学校
　7年分（算数・理科・社会）
広 島 学 院 中 学 校
　7年分（算数・理科・社会）
広 島 女 学 院 中 学 校
　7年分（算数・理科・社会）
修 道 中 学 校
　7年分（算数・理科・社会）
ノートルダム清心中学校
　7年分（算数・理科・社会）

愛 媛 県

愛 光 中 学 校
　7年分（算数・理科・社会）

福 岡 県

福岡教育大学附属中学校
（福岡・小倉・久留米）
　7年分（算数・理科・社会）
西 南 学 院 中 学 校
　7年分（算数・理科・社会）
久留米大学附設中学校
　7年分（算数・理科・社会）
福岡大学附属大濠中学校
　7年分（算数・理科・社会）

佐 賀 県

早 稲 田 佐 賀 中 学 校
　7年分（算数・理科・社会）

長 崎 県

青 雲 中 学 校
　7年分（算数・理科・社会）

鹿 児 島 県

ラ・サール中学校
　7年分（算数・理科・社会）

※もっと過去問シリーズは
　国語の収録はありません。

K 教英出版

〒422-8054
静岡県静岡市駿河区南安倍3丁目12-28
TEL 054-288-2131
FAX 054-288-2133

詳しくは教英出版で検索

教英出版　　検索

URL https://kyoei-syuppan.net/

3 ※

課題3 太郎さんたちは、地域の産業について、調べ学習を行っています。あとの会話文を読んで、（1）～（3）に答えましょう。

太郎：市役所のホームページには、漁業がこの地域を代表する産業だとしょうかいされていたけれど、ほかに情報を集めるよい方法はないかな。

花子：漁師さんに直接、話を聞いてみてはどうかな。

次郎：漁師さんに話を聞く前に、図書館で情報を集めて、漁師さんに質問することを考えようよ。私が地図を使って図書館まで案内するよ。

（国土地理院地図をもとに一部改変して作成）

小学校 文
図書館 ⊞
神社 ⊓
寺院 卍
病院 ⊞
交番 ✕
郵便局 ⊕

（1）　あなたが次郎さんなら、どのように道案内しますか。次の条件をふまえて、右の地図中のアから図書館まで歩くコースを文章の書き出しの言葉に続けて書きましょう。

　〈条件〉○ 進む方向は、方位を使って示すこと。また、進む方向が変わるときは、目印になる地図記号の建物の名前と進む方位を示すこと。
　　　　　○ 進むきょりは、地図中の縮尺を使って、百の位までのがい数で示すこと。

※
地図中のアから

太郎：集めた情報をもとに、漁師さんに質問したから、たくさん話を聞くことができたね。

花子：漁師さんの「海と森林は深い関係がある」という言葉が印象に残ったよ。

次郎：図書館で見つけた**資料1**と**資料2**は、漁師さんの言葉とつながっているようだね。

資料1　川ごとの河口域※1に生息している絶めつ危ぐ魚種の数※2と流域※3が森林におおわれている割合

（国立環境研究所資料をもとに作成）

※1 河口域…川が海につながっている地域
※2 絶めつ危ぐ魚種の数…地球上からいなくなる危険性が高い魚の種類の数
※3 流域…川に水が流れこむはん囲

（2）　海と森林の関係について、資料1と資料2から読み取ったことをそれぞれ書きましょう。また、資料1と資料2のそれぞれから読み取ったことをふまえて、森林が漁業にあたえるえいきょうについて、あなたの考えを書きましょう。

※
資料1から読み取ったこと

※
資料2から読み取ったこと

資料2

（海洋政策研究所資料をもとに作成）

※
森林が漁業にあたえるえいきょう

太郎：新聞記事（**資料3**）に、森林を守るための森林環境税のことがのっていたね。

花子：森林を守るには、教科書で学習した**資料4**の状きょうも考えておく必要があるね。

次郎：森林環境税で集めたお金をどのように使うと森林を守ることにつながるかな。

資料3　新聞記事

森林環境税
使い道が問われる

森林を守るための新しい税が2024年度から導入される。一定の収入がある人を対象に、1人当たり年間千円をその他の税とあわせて集める「森林環境税」である。導入の背景の一つには、森林の手入れが行き届いていないことや原因と指摘されている。安定的に確保し、対策を急ぐべきだと判断した。各市町村の森林整備にあてる財源を安定的に確保し、土砂災害を防ぐためや、対策を急ぐべきだと判断した。森林を守るために有効な解決策は何か、長期的な視野に立って知恵をしぼりたい。

※財源…お金のでどころ

（3）　資料3の森林環境税で集めたお金をどのようなことに使い、その使い方によって何ができるようになると考えますか。資料4をふまえながら、具体的にあなたの考えを書きましょう。

資料4　日本国内の林業で働く人の数とそのうち65才以上がしめる割合

	林業で働く人の数	65才以上の割合
1985年	126,343人	10%
1995年	81,564人	23%
2005年	52,173人	27%

（林野庁資料をもとに作成）

※

（Ⅱ－2）
受検番号

資料【言葉や言葉の使い方に関する自分自身の課題】

問い「あなたは言葉や言葉の使い方について、自分自身にどのような課題があると思いますか」

(%)

A 改まった場で、ふさわしい言葉づかいができないことが多い 63.5
B 敬語を適切に使えない 46.4
C 漢字で書くべきか仮名で書くべきか、適切に判断できない 27.1
D 自分とちがう意見や考え方を見聞きすると、つい感情的に反応してしまう 20.8
E 年れいがはなれた人に意味が通じるか気にせず発言してしまう 15.7
F 流行語や新しい言葉を使い過ぎてしまう 8.2
G インターネットで、つい感情的な発言・反応をしてしまう 2.2

文化庁「令和3年度『国語に関する世論調査』から作成」

〈条件〉
○ 書き出しの言葉に続けて二百字以内で書くこと。（、 や 。 や 「 」 なども一字に数える。）
○ 一マス目から書くこと。また、とちゅうで行を変えないこと。

課題2 次の資料は【言葉や言葉の使い方に関する自分自身の課題】を調査した項目の一部です。この資料にある項目の中で、あなた自身は言葉や言葉の使い方をより良くするためにどのようなことに気をつけたいですか。項目A～Gの中から一つ選び、そのアルファベットを □ に書き、選んだ理由と、今後どのようなことに気をつけたいかについて、次の条件に合わせて具体的に書きましょう。

私は □ を選びました。なぜなら、

140字
200字

（2）【話し合いの様子の一部】を読んで、あなたが次郎さんならどのように話しますか。空らんAに入る内容を十五字以内で書きましょう。（、 や 。 や 「 」 なども一字に数えます。）

A
15字

（3）【話し合いの様子の一部】を読んで、あなたが花子さんならどのように話しますか。空らんB、C、Dに入る内容を書きましょう。ただし、空らんBは二十字以内、空らんCは三十字以内、空らんDは三十五字以内で書きましょう。（、 や 。 や 「 」 なども一字に数えます。）

B
20字

C
30字

D
35字

2024(R6) 岡山県立中高一貫校
教英出版 適Ⅱ4の3

1※　2※　3※　※　（配点非公表）　受検番号

課題1　太郎さんの学級では、自分の好きな本をしょうかいする活動を行うことにしています。次の文章は、太郎さんの【しょうかいしたい本の一部】です。太郎さんのグループでは、この本の【しょうかいカード】を作成して、学級の他の友だちに伝えたいことについて話し合っています。これらを読んで、(1)から(3)に答えましょう。

【しょうかいしたい本の一部】

コオロギとムカデがこんな会話をしていたそうです。

「ムカデさんは個性的ですよね」

コオロギにそう言われ、ムカデはビックリして聞き返します。

「えっ、僕が個性的ですって?」

「だって、そんなにたくさんある脚を全部使って歩いているわけでしょう、それこそがムカデさんらしさですよ。それにしても、たくさんのムカデの脚をどのような順番でどのように動かして歩いているんだっけ、どのように動かして歩くんですか?」

そう聞かれたムカデは、自分の脚をどのように動かしているんだっけ、と考えこんでしまいました。そして考えすぎてわからなくなって、動けなくなってしまいました。

若い人を見ていると、同じようなことを感じることがあります。自分らしさって何だろう、自分の個性って何だろうと考えすぎてしまうのです。

自分の個性について考えれば考えるほど身動きがとれなくなってしまう。

いまの世の中には「自分らしく生きなければならない」「自分の個性を発揮できるような仕事を選ばなければならない」といった妙な圧力があるように思います。私はこれを「自分らしさの呪縛」と呼んでいます。

仕事を選ぶときにも「これが本当に自分らしい仕事なのか」という考えにとらわれてしまって、何をしていいかわからない。そんな悩みを聞くこともあります。

もちろん自分の個性を理解した上で、それに合った仕事に就くことができればいいかもしれません。でも仕事というのは、やってみなければわからないところがあります。1年、2年と続けていくうちに、この仕事は好きかもしれないな、これが天職かもしれないと思い始めることはよくあります。

それに人間は一生成長していく生き物です。ある時点の自分らしさに基づいて仕事を決めようとしても、仕事に磨かれたり、いろいろな人と出会うことで自分らしさは変化していきます。

私が皆さんにお伝えしたいことは、自分らしさというのを焦って探し求めなくてもいいということです。たとえ人と同じことをやっていても自然とにじみ出てくるもの、それが個性であり、自分らしさです。あなたがどんな生き方をしようが、どんな仕事を選ぼうが、自然に立ち表れてくるもの、それがあなたらしさであり、あなたの個性なのです。

（野口嘉則著　『自分を好きになれない君へ』から）

*1　妙な・・・不思議な、変な。

*2　呪縛・・・心理的に人の心の自由を失わせること。

【しょうかいカード】

「自分らしさ」とは?

野口嘉則　「自分を好きになれない君へ」

●おすすめポイント

①コオロギと(ア)ムカデのたとえがあってわかりやすい。

②「自分らしさ」について(イ)なやんでいる人へのヒントになる。

【話し合いの様子の一部】

花子　しょうかいカードの──線部(ア)「ムカデのたとえ」って何のことかわかるかな。

次郎　何をたとえているか説明した方がいいかもしれないね。「 A の姿が、動けなくなっているムカデの姿にたとえられていること」を伝えたら、この本を読みたくなるかもしれないね。

太郎　タイトルを『自分らしさ』とは?」としたけれどどうかな。私は、これから天職を見つけるには自分らしさがカギとなると思ったからそうしたんだ。

花子　なるほど。天職って天から与えられた職・仕事だよね。「仕事を選ぶとき、自分らしい仕事かどうかわからなくても、 B によって、自分らしさが見つかることもある」という筆者の考えを伝えてみてはどうかな。

次郎　そうだね。ところで、どうして──線部(イ)『自分らしさ』についてなやんでいる人へのヒントになる」と思ったのかな。

太郎　個性について、「いまの世の中の考え方」と「筆者が伝えたいこと」とでは、対照的になっているから、なやみを解決するきっかけになると思ったんだ。いまの世の中では、個性は C と考えているのに、筆者は、個性を D も

花子　そうか。花子さんの意見を本をしょうかいするときに必ず伝えよう。

(1)　読書好きな人のことを「本の虫」ということがあります。このように「虫」の字を使った人の様子や感情をたとえている表現やことわざ・慣用句のうち、「虫」から始まるものと「虫」で終わるものを一つずつ書きましょう。ただし、「本の虫」はのぞきます。

令和六年度

岡山県立中学校及び岡山県立中等教育学校　適性検査Ⅱ

【注意】

・この検査は、文章や資料を読んで、太字で書かれた課題に対して、答えやあなたの考えなどをかく検査です。
課題ごとに、それぞれ指定された場所にかきましょう。

・検査用紙は、表紙（この用紙）をのぞいて三枚あります。指示があるまで、下の検査用紙を見てはいけません。

・「始め」の合図があってから、検査用紙の枚数を確かめ、三枚とも指定された場所に受検番号を記入しましょう。

・検査用紙の枚数が足りなかったり、やぶれていたり、印刷のわるいところがあったりした場合は、手をあげて
先生に知らせましょう。

・検査用紙の ※ には、何もかいてはいけません。

・この検査の時間は、四十五分間です。

・表紙（この用紙）と検査用紙は、持ち帰ってはいけません。

受検番号	

課題3　次の（1）〜（3）に答えましょう。

※

（1）　あるお店で、1個80円のパンを100個仕入れました。そのパンを1個100円ではん売したところ、65個売れました。仕入れたパンをすべて売るために、1個あたりの値段を下げて、残りのパンを売ろうと思います。パンをすべて売り切ったときの利益を1650円にするためには、残りのパンを1個あたりいくらで売ればよいか答えましょう。ただし、消費税は考えないものとします。

円で売ればよい。

※

（2）　保健委員である太郎さんと花子さんは、保健室について話をしています。

太郎：保健室にけがをした人や体調が悪くなった人が続けて来ることがあるから、仕切りを立てると、その後ろで落ち着いて手当てを受けることができるようになるね。

花子：どれくらいのはん囲が見えなくなるのかな。

仕切りの様子

太郎さんたちは保健室の中の仕切りの場所を決めて、保健室を真上から見た様子を図1のようにかきました。太郎さんは、点Pと点Qの位置に立ち、仕切りの方向を見たときに見えなくなるゆかのはん囲の面積についてそれぞれ調べることにしました。

太郎さんが点Pに立ったときに見えなくなるゆかのはん囲㋐を図2のように表しました。太郎さんが次に点Qに立ったときに見えなくなるゆかのはん囲㋑を、図2の表し方にしたがって解答らんの図3にかきましょう。また、㋐と㋑の面積を比べるとどのようになりますか。次のア〜ウから記号を選び、その理由を言葉や式を使って説明しましょう。ただし、仕切りはゆかに垂直に立て天井まであるものとし、厚みは考えないこととします。

ア　㋐の面積の方が大きい。

イ　㋑の面積の方が大きい。

ウ　㋐と㋑の面積は等しい。

図1

図2　点Pに立つとき、見えなくなるゆかのはん囲㋐

図3　点Qに立つとき、見えなくなるゆかのはん囲㋑

※

（3）　太郎さんの家に、親せきにももを送ったときの宅配業者のレシートがありました。太郎さんは、図4の同じ宅配業者の6枚のレシートのうち、3枚のレシートを見て、重さ（kg）、きょり（km）、料金（円）のうち、比例の関係になっている2つの数量の組み合わせがあることを見つけました。あなたが太郎さんなら、見つけた組み合わせの1つをどのように説明しますか。解答らんの空らんに選んだレシート番号とあてはまる言葉を書き、2つの数量が比例の関係になっていると考えた理由を説明しましょう。

レシート①	レシート②	レシート③	レシート④	レシート⑤	レシート⑥
重さ　5 kg	重さ　15 kg	重さ　5 kg	重さ　20 kg	重さ　10 kg	重さ　5 kg
きょり　5 km	きょり　15 km	きょり　40 km	きょり　5 km	きょり　5 km	きょり　10 km
料金　400円	料金　3600円	料金　3200円	料金　1600円	料金　800円	料金　800円

図4

解答らん

レシート番号 [　　　] から、[　　　] は [　　　] に比例していることがわかる。

なぜなら、[　　　　　　　　　　　　　　　　　　　　　　　　　　　　]

課題2　次の（1）～（3）に答えましょう。

※

（1）　花子さんは、橋をわたっているとき、橋のつなぎ目にすき間が空いていることに気づきました（写真1の矢印の部分）。写真2は、橋のつなぎ目の様子を真上からさつえいしたものです。橋のつなぎ目にすき間が空けられているのは、金属が使われている橋をこわれにくくするための工夫です。その工夫をしている理由となる、ものの温度と体積の関係について説明しましょう。

写真1　　　　写真2

説明

※

（2）　運動場の土は、つぶの大きさのちがうものが混ざっています。太郎さんは、雨が降った後の運動場を見て、表面に大きいつぶが目立っていることに気づきました。

太郎：昨日運動場の整備をしたばっかりなのに、なぜつぶの大きいものが目立っているのかな。
花子：雨が降ったことと関係があるのかもしれないね。実験して調べてみよう。

　　　太郎さんと花子さんは、雨が降った後の運動場の表面に大きいつぶが目立つ理由を確かめるために、次のような方法で実験し、実験結果をまとめ考察しました。【考察】の空らん　ア　に入る内容について、つぶの大きさのちがいにふれながらあなたの考えを解答らんに書きましょう。

【実験方法】
① 雨が降る前の運動場の土を用意し、つぶの大きさを観察する。

② ペットボトルで右の図のようなそうちを作り、その土を入れた後、水をそそぐ。

土
輪ゴム
ガーゼ

図

③ 1分後、水のしみこみ方とペットボトルの底にたまった水のようすを観察する。

【実験結果】

水をそそぐ前の土のようす	小さいつぶと大きいつぶが混ざっていた。
水をそそいだ後のようす	・水はゆっくりしみこんだ。・にごった水がたまっていた。

【考察】
　ペットボトルの底に、にごった水がたまったという実験結果から、雨が降った後の運動場の表面に大きいつぶが目立つ理由は、

　　　　　　　　　　ア　　　　　　　　　　からといえる。

解答らん

※

（3）　太郎さんと花子さんは、植物の葉に日光が当たるとでんぷんが作られることを確かめるために、次のような実験を計画しています。

【実験計画】

	7月24日　夕方	7月25日　朝	7月25日　正午過ぎ
方法	よく日光に当たった8枚のジャガイモの葉（A）に、アルミニウムはくをかぶせて日光を葉に当てないようにする（B）。	4枚の葉のアルミニウムはくをはずし（C）、のこり4枚はかぶせたままにする（D）。正午まで、全体に日光が当たるようにする。	全体をしっかり日光に当てた後、アルミニウムはくをはずしたままの葉（E）にでんぷんがあるか、ヨウ素液を使って調べる。
葉のようす	アルミニウムはくをかぶせる前（A）　アルミニウムはくをかぶせた後（B）	アルミニウムはくをはずす（C）　アルミニウムはくをかぶせたまま（D）	アルミニウムはくをはずしたまま（E）　アルミニウムはくをかぶせたまま（F）

太郎：（E）の葉にでんぷんがあったら、植物の葉に日光が当たるとでんぷんが作られるといえるね。
花子：待って。（E）の葉を調べただけで、それがいえるのかな。

　　　実験計画を見直すと、植物の葉に日光が当たるとでんぷんが作られることを確かめるには、今の実験計画では不十分であることがわかりました。（A）～（F）のどの葉に対して、何をしなければならないか2つ書きましょう。

（　　　）の葉に対して、（　　　　　　　　　　　　　　　　　　　　　　　　　　　　　）
- -
（　　　）の葉に対して、（　　　　　　　　　　　　　　　　　　　　　　　　　　　　　）

受検番号	

1※	2※	3※	※

（配点非公表）

課題1　太郎さんと花子さんは、住んでいる地域を活性化させるために自分たちにできることは何かを考え、地域の自治会の方に相談したところ、次のようなリクエストが届きました。あとの（1）、（2）に答えましょう。

《自治会からのリクエスト》
① 新しい観光スポットとして、駅前の大きな木をイルミネーションでかざってほしい。
② 点灯時間帯は17時から23時までとし、1時間ごとにふん囲気が変わるようにしてほしい。
③ 20時から21時の時間帯は、人通りが多いので、はなやかになるように工夫してほしい。

太郎：ふん囲気が変化するイルミネーションにするには、複数の種類の電球を使いたいね。
花子：理科の授業で3つの電球を図1のようにつないだとき、電流が矢印のように流れたから電球が光ったね。
太郎：この回路にスイッチをつけると、点灯させる電球を変えることができそうだね。

図1

※

（1）　太郎さんと花子さんは、3種類の電球A、B、Cを用意し、表1のように点灯させる電球と点灯させない電球の組み合わせを考え、図2のような表1のすべての組み合わせを点灯させることができる回路を作りました。花子さんは、図2の回路のスイッチのうちいくつかを、スイッチから導線に変えても、表1のすべての組み合わせを点灯させることができることに気づきました。使用するスイッチの数を最も少なくするには、同時に何個のスイッチを取り外すことができますか。取り外すことができるスイッチの数を書きましょう。また、その組み合わせのうち1つを記号で答えましょう。

表1　点灯させる電球と点灯させない電球の
　　　組み合わせ（○は点灯する電球）

電球A	○			○		○	○
電球B		○		○	○		○
電球C			○		○	○	○

図2

スイッチの数	
	個
組み合わせ	

太郎：自治会からのリクエストをもとに表2の点灯計画を作って、自治会の方に見てもらったら、追加のリクエストが届いたよ。
花子：自治会からの追加のリクエストもふまえて、新しい点灯計画を考えてみようよ。

※

（2）　表2は、太郎さんたちが、最初に作成した3種類の電球A、B、Cを使った点灯計画です。表3は、各電球を1時間点灯させたときに必要な電気代を表したものです。電球Aと電球Bをそれぞれ1時間点灯させたとき、電球Aは電球Bの何倍電気代がかかるか答えましょう。
　　また、《自治会からの追加のリクエスト》をふまえた【新しい点灯計画】を考え、解答らんの表に○印と合計点灯時間を書きましょう。ただし、20時から21時の時間帯はすべての電球を点灯させるようにします。

《自治会からの追加のリクエスト》
① 新しい点灯計画も、表2の点灯計画全体でかかる電気代と同じになるようにしてほしい。
② 点灯している電球の組み合わせは、1時間ごとに変わるようにしてほしい。
③ 各電球の合計点灯時間は、表2の点灯計画の合計点灯時間とすべて異なるようにしてほしい。

表2　点灯計画（○印は点灯させる時間帯）

電球の種類＼点灯時間帯	17～18時	18～19時	19～20時	20～21時	21～22時	22～23時	合計点灯時間
電球A		○	○	○		○	4時間
電球B		○	○	○	○		4時間
電球C	○			○	○	○	4時間

表3　各電球を1時間点灯させたときに
　　　必要な電気代

電球A	電球B	電球C
2.7円	3.6円	4.5円

解答らん

電球Aは電球Bの　　　倍

電気代がかかる。

【新しい点灯計画】

電球の種類＼点灯時間帯	17～18時	18～19時	19～20時	20～21時	21～22時	22～23時	合計点灯時間
電球A				○			時間
電球B				○			時間
電球C				○			時間

令和６年度

岡山県立中学校及び岡山県立中等教育学校　　適性検査Ⅰ

【注意】

- この検査は、文章を読んで、太字で書かれた課題に対して、答えやあなたの考えなどをかく検査です。課題ごとに、それぞれ指定された場所にかきましょう。

- 検査用紙は、表紙（この用紙）をのぞいて、３枚あります。指示があるまで、下の検査用紙を見てはいけません。

- 「始め」の合図があってから、検査用紙の枚数を確かめ、３枚とも指定された場所に受検番号を記入しましょう。

- 検査用紙の枚数が足りなかったり、やぶれていたり、印刷のわるいところがあったりした場合は、手をあげて先生に知らせましょう。

- 検査用紙の ※ には、何もかいてはいけません。

- この検査の時間は、４５分間です。

- 表紙（この用紙）と検査用紙は、持ち帰ってはいけません。

- 表紙（この用紙）の裏を、計算用紙として使用してもよろしい。

に受検番号を記入しましょう。

・　検査用紙の枚数が足りなかったり，やぶれていたり，印刷のわるいところがあったりした場合は，手をあげて先生に知らせましょう。

・　検査用紙の ※☐ には，何もかいてはいけません。

・　この検査の時間は，４５分間です。

・　表紙（この用紙）と検査用紙は，持ち帰ってはいけません。

・　表紙（この用紙）の裏を，計算用紙として使用してもよろしい。

図1　穴を開ける位置　　　　図2　木の入れ方

最も勢いよく燃える組み合わせ　　　　と
説明

1つのベール　　　　図3　ベールが積まれて
　　　　　　　　　　　　いる様子

花子：大量のペットボトルが資源ごみとして運びこまれていたね。

太郎：積み上げられたすべてのベールには，おし固められた空のペットボトルが約8万本ふくまれているって言われていたけれど，そんなにあるようには見えなかったよ。

花子：メモにある情報をもとに，どのくらいの本数があるか確かめられないかな。

（3）　取材メモ2の図3は，ベールが積まれている様子をスケッチしたもので，1つの直方体が1つのベールを表しています。ベール1つの重さをすべて190 kgとしたとき，図3のすべてのベールには，空の500 mLと2Lのペットボトルがあわせて何本おし固められているか答えましょう。また，どのようにして求めたのかも説明しましょう。

説明
空の500 mLと2Lのペットボトルがあわせて　　　　　　　本

図3 2つのふりこ

※

（3）　ジュースの入ったコップに氷を入れ重さをはかると，はかりの表示は500gでした。そのまま室内にしばらく置いておくと，はかりの表示が変化していました。不思議に思った太郎さんは，時間とともに重さがどのように変化するかを調べるために氷水で実験することにしました。気温27℃の室内で，5分ごとに図4のはかり方で変化した重さを記録し，グラフにまとめました。図5は，はかり始めてからの時間と変化した重さの関係を表したグラフです。変化した重さが図5のグラフのようになった理由を答えなさい。ただし，氷はとけて水になってもその重さは変わりません。

図4　重さのはかり方

図5　はかり始めてからの時間と変化した重さの関係

説明

たところ，グラフ2にまちがいがあることに気づきました。グラフ2の点ア～エの中からまちがっている点を一つ選び，記号で答えましょう。また，その記号を選んだ理由を，言葉や式を使って説明しましょう。さらに，12月に図書館を利用した人数を答えましょう。

グラフ1
月ごとの図書館を利用した人数

グラフ2
前の月をもとにした図書館を利用
した人数の割合（5月から8月）

グラフ3
前の月をもとにした図書館を利用
した人数の割合（9月から12月）

記号	
説明	

12月に図書館を利用した人数　　　　　　　　人

受検番号

3※

課題1 次の文章は、文学作品（詩・物語）を読む意味について書かれている『国語をめぐる冒険』の一部です。この文章を読んで、（1）から（3）に答えましょう。

コンフォート・ゾーン（comfort zone）という概念があります。心理学の用語で、コンフォートは快適、ゾーンは領域。自分にとって快適で慣れた環境をいいます。そこにいるとストレスがなくて楽。でも成長もない。そんな状況です。自分を拡張させ、人が成長するためには、少しだけ背伸びが必要です。その領域はストレッチ・ゾーンと呼ばれます。

これは言葉にも当てはまります。使い慣れた言いかたで満足していると、伝える力は伸びないし、言葉の奥にある感情や思考にも気づけない。はじめての表現の手触りを確かめたり、あたりまえの言葉の底をのぞいたりしなければ、隠された宝物には出会えないということです。

そんなふうに言葉と四つに組んで格闘するうち、しっくりしなかったものが思いがけず腑に落ちたり、もっとふさわしい言いかたを見つけたりできるでしょう。その瞬間から、言葉がいきいきと動き出し、あなたの一部になるのです。

最後に、もう一つだけ大切なことをお伝えします。言葉を通して出会うのは、自分の心だけではありません。心のうつわを、より大きく、より深く、より豊かにするためには、他者の心を体験することも欠かせません。

それについて、詩人の荒川洋治さんの『読むので思う』の一節を紹介させてください。

本を読むと、何かを思う。本など読まなくても、思えることはいくつかある。だが本を読まなかったら思わないこととはたくさんある。人が書いた作品のことがらやできごとはこちらには知らない色やかたち、空気、波長をもつ。いつもの自分にはない思いをさそう。読まないと、思いはない。思いの種類の少ない人になり、そのままに。

ほかの人が書いたものを読むと、自分になかった思いが誘発されるというのです。

荒川さんは「すぐれた文学作品は、想像と思考の力を授けてくれる。人の心をつくる。人間の現実にはたらきかける。（中略）文学は実学である」とぼくは思う」（同書「文学談義」）とも言っています。

文学作品の登場人物は、時に驚くべき体験をします。自分の殻をやぶる冒険です。東国へと旅をする『伊勢物語』の

（荒川洋治『読むので思う』）

課題２　あなたがこれまでに受けた教科の授業の中で、実際の生活場面で役立った学習内容は何ですか。また、それはどのように役立ちましたか。生活場面を一つ取り上げ、次の条件に合わせて具体的に書きましょう。

〈条件〉

○　ここでいう教科とは、国語・社会・算数・理科・音楽・図画工作・家庭・体育・外国語・道徳を指します。全ての教科を取り上げる必要はありません。

○　二百字以内で書きましょう。（　、や　。や「　」なども一字に数えます。）

○　一マス目から書き、とちゅうで行を変えないで、続けて書きましょう。

200字　　　　　　　　　　100字

40字

3※

課題3 太郎さんたちは，食料生産や工業生産について学んだことから，国内における貨物の輸送について調べ学習を行っています。あとの会話文を読んで，（1）～（3）に答えましょう。

太郎：貨物の輸送手段別の割合を示している**資料1**を見つけたよ。輸送トン数は，輸送した貨物の重量を表しているよ。でも，輸送トンキロとは何だろう。

花子：調べてみると，輸送トンキロは，貨物の輸送の規模を表す目安として使われていて，**資料2**に示した式で計算したものだよ。

次郎：輸送トン数と輸送トンキロの割合を比かくすると，ちがいがあるね。

（1）　輸送トン数と輸送トンキロの割合を比かくすると，トラックと船の割合が大きくちがうのはなぜですか。その理由として考えられることを船による輸送に注目して書きましょう。

資料1　貨物の輸送手段別の割合（令和元年度）

輸送トン数			
トラック	鉄道	船	飛行機
91.8%	0.9%	7.2%	0.0%

輸送トンキロ			
トラック	鉄道	船	飛行機
52.9%	4.9%	42.0%	0.2%

（国土交通省資料から作成）

資料2　輸送トンキロの計算式

輸送した貨物の重量(t) × 輸送したきょり(km)

※

次郎：日本の1年間の平均気温が100年前より1℃以上高くなっているというニュースを見たよ。未来のために，地球温暖化対策の1つとして貨物の輸送を工夫できないかな。

太郎：貨物の輸送手段別の二酸化炭素はい出量を示した**資料3**から，二酸化炭素のはい出量を減らすことが考えられそうだね。

花子：**資料3**に加えて，トラックのハイブリッド車の台数の変化がわかる**資料4**も使って考えてみようよ。

資料3　貨物の輸送手段別の二酸化炭素はい出量（令和2年度）

※g-CO₂/トンキロは,貨物1tを
1km輸送するときにはい出する
二酸化炭素の量。

（国土交通省資料から作成）

資料4　トラックのハイブリッド車の台数

※H：平成　R：令和
※トラックのハイブリッド車は，主に
軽油で動くエンジンと電力で動く
モーターを組み合わせて走行する。

（自動車検査登録情報協会資料から作成）

太郎：身近な宅配便には，トラックが多く使われているね。

花子：宅配便は，家まで届けてもらえるから便利だけれど，トラックの走行きょりは長くなるね。

次郎：過そ化が進むE地区では，利用者が減少した路線バスの座席の一部を荷台にして，宅配便の荷物を輸送する計画があると聞いたよ。

太郎：トラックの走行きょりを減らすには，よい考えだね。

（3）　資料5は，E地区一帯の宅配便にかかわる情報をまとめたものです。現在，トラックは配送センターとE地区の間を1日に2往復して配達を行っていますが，午後便の荷物の輸送に路線バスを活用してトラックの走行きょりを減らすには，どうしたらよいと考えますか。資料5をもとに，次の条件をふまえて，具体的な配達方法を書きましょう。

〈条件〉○　路線バスは，バス停Aを始発，バス停Eを終着とし，バス停の位置とバスの出発時刻は変えられないものとします。

　　　　○　トラックが荷物を届ける時間帯は，午前便（9:00～12:00），または午後便（2:00～5:00）のどちらかに指定されているものとします。

　　　　○　配送センターからバス停Aの間は，E地区一帯の配達に使うトラックとは別のトラックで運ぶことができます。

資料5　E地区一帯の宅配便にかかわる情報をまとめたもの

【現在の配達方法など】

午前　9:00　配送センターを出発し，午前便の配達を開始する
午後12:30　午前便の配達を終えて，配送センターにもどる
　　　　　　※午後便の荷物が，正午に配送センターに届くため
午後　2:00　荷物をのせて，午後便の配達を開始する
午後　5:10　午後便の配達を終えて，配送センターにもどる
○配達地域　E地区までの道中にある家やE地区の家
○配達に使うトラックの台数　1台

バス停E行き 路線バス時刻表	
バス停A発	バス停E着
午前10:30	午前11:00
午後　1:20	午後　1:50
午後　6:10	午後　6:40

（3）この文章を読んだ太郎さんたちは、グループで話し合っています。次は、そのときの【話し合いの様子の一部】です。これを読んで、あなたが花子さんならどのように話しますか。空らんA、B、Cにその内容を書きましょう。空らんAは二十字以内、空らんBは二十五字以内、空らんCは四十字以内で書きましょう。（、や。や「」なども一字に数えます。）

【話し合いの様子の一部】

太郎 ──線部イ「隠された宝物には出会えない」とあるけれど、実際にはどうすれば、出会うことができるのかな。

次郎 「はじめての表現の手触りを確かめたり」や、「あたりまえの言葉の底をのぞいたり」と書かれているけれど、どういうことなのかな。

花子 今まで使ったことのない言葉を使ってみたりすることや、　A　ことだと思うよ。

太郎 そうだね。さらに、──線部ウ「文学は実学である」と書いてあるけれど、「実学」ってどういう意味かな。

次郎 辞書を引いてみると、実学とは「社会生活で実際に役立つ学問」と書いてあるよ。

太郎 なぜ、文学は社会生活の中で役に立つのかな。

花子 その理由は、文章から読み取れるよ。文学作品を読む　B　に気づかされて、現実では出会えないことを深く体験できるよ。そして、　C　ことで、先の見えない世界を乗り越えていけるのだと思うよ。

太郎 そういうことか。だから、ぼくたちはこれからも色々な文学作品を読んでいく必要があるね。

※

A　二十字

※

B　二十五字

20字

25字

「文学は実学である」、たしかに、そう思います。長く読みつがれてきた名作は、表からも裏からも、広くも深くも読みこめる。読むたびに新しい発見がある。

冒険の勇者が旅をするのは、変化し続ける先の見えない世界。正解が一つではない場所で、自分を知り、その時々の状況にふさわしい答えを探しながら進んでいきます。

そこで味方になるのは、身を守ったり、謎を解いたり、壁を壊したり、情報を得たり、現実を変えたり、七変化する言葉です。その武器をしっかり携えて、自分を鍛えあげていく。そうすれば、目の前に広がる世界がどんなものでも乗り越えていけるでしょう。

（平野多恵著「言葉で心を知る」『国語をめぐる冒険』所収 岩波ジュニア新書から）

*1 概念・・・考え方

*3 腑に落ちたり・・・納得できたり

*5 『伊勢物語』の男・・・平安時代の古典『伊勢物語』の主人公

*7 李徴・・・中島敦の小説『山月記』の主人公

*2 四つに組んで・・・正面から向き合って

*4 誘発・・・あることがきっかけとなって、ほかのことを引き起こすこと

*6 メロス・・・太宰治の小説『走れメロス』の主人公

*8 遭遇・・・思いがけず出会うこと

（1）━━「七変化」は二字熟語の上に一字の語を加えた漢字三字の熟語です。これと同じ構成の熟語のうち、一字の語に漢数字を使わない漢字三字の熟語を二つ書きましょう。ただし、「小学校」と「小道具」や、「小学校」と「中学校」のように、同じ語を二回使ってはいけません。また、「漢」「数字」「小」「学校」「道具」「中」も使ってはいけません。

（2）━━線部ア「でも成長もない」とありますが、「コンフォート・ゾーン」で人が成長しないのはなぜですか。書き出しの言葉に続けて、十五字以内で説明しましょう。（、や。や「」なども一字に数えます。）

快適で慣れた環境では、□□□□□□□□□□□□□□□ 15字

令和五年度

岡山県立中学校及び岡山県立中等教育学校　適性検査Ⅱ

3※

課題3　次の（1）～（3）に答えましょう。

※

（1）　次のような計算プログラムがあります。計算結果が20となるとき元の数にあてはまる整数を<u>1つ答えましょう。</u>

元の数にあてはまる整数

※

（2）　図1のような，一部が欠けている木材があります。この木材を何枚かに切り分け，その中の5枚を使って，容積が44 cm³ 以上になるふたのない直方体の容器をつくろうと思います。このとき，できる容器について，【かき方の例】にしたがって切り分け方とその容積を1つ答えましょう。ただし，木材を切り分けるときには点線にそってしか切れず，木材の厚みは考えないものとします。

図1

【かき方の例】

切り分ける線は，左のようにかく。

使わない部分には，しゃ線を入れる。

切り分け方

1 cm

1 cm

できた容器の容積　　　　　cm³

2 ※

課題2　次の（1）～（3）に答えましょう。

※

（1）　図1は，ある日の夕方，西の空に見えた月の形です。また，図2は，教室の中で電灯の光をボールに当てて，その見え方から月の満ち欠けについて実験しているときの様子を天井から見たものです。観察する人から見てボールが図1の月の形に見えるのは，ボールを図2のア～クのどこにおいたときに近いか記号で答えましょう。

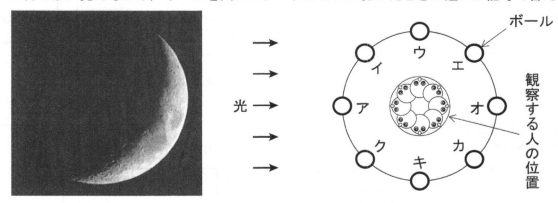

図1　西の空に見えた月の形　　　　図2　実験の様子

ボールの位置

※

（2）　図3のような，ふりこAとふりこBをつくりました。ふれはばを同じにして，2つのふりこをそれぞれふるとき，1往復する時間はどのようになりますか。次のア～ウから選び，記号で答えましょう。また，そのようになる理由を具体的な数値を使って説明しましょう。

ア　ふりこAの方が1往復する時間は短い。
イ　ふりこBの方が1往復する時間は短い。
ウ　どちらのふりこも1往復する時間は同じになる。

記号

受検
番号

1※

2※

3※

※
※70点満点
（配点非公表）

課題1　太郎さんと花子さんは，〇△クリーンセンターへ見学に行った
　　　ときの取材メモをもとに，ごみの処理について話し合っています。
　　　取材メモ1と取材メモ2を見て，次の（1）～（3）に答えま
　　　しょう。

太郎：〇△市では，リサイクルがさかんであると言われていたね。
花子：令和4年度は，岡山県のリサイクル率の目標を達成したいとも言
　　　われていたね。

※

（1）　〇△市の令和3年度のリサイクル率は30％でした。〇△市が，
　　　岡山県のリサイクル率の目標と等しくなるには，1人あたり1日
　　　あと何gのごみをリサイクルすればよかったでしょうか。

　　　　　　　1人あたり1日あと　　　　　　　　　g

花子：たくさんのごみを焼きゃくするのは大変な作業だよね。
太郎：効率よく焼きゃくするためには，どんなことが必要だったかな。

※

（2）　ふたのない空き缶の中に木を入れて燃やします。図1のように，
　　　側面の穴の位置だけがちがう2種類の空き缶を用意し，空き缶に
　　　入れる木の入れ方を変えるとき，木が最も勢いよく燃える組み合
　　　わせになるように，図1の①，②と，図2のア，イからそれぞれ1
　　　つずつ選びましょう。また，その組み合わせが最も勢いよく燃え
　　　ると考えた理由を，「空気」という言葉を使って説明しましょう。

取材メモ1　10月20日　　　　　太郎

〈〇△クリーンセンターの特ちょう〉
・ごみの焼きゃく処理能力は，1日39トン。
・えんとつの高さは100m。ごみをよく燃やす働きがある。
・〇△市は，岡山県内でもリサイクルがさかんである。たくさん
　の資源ごみ（ペットボトル，ビン類など）を回収している。

〈ごみの量について〉
・令和3年度に〇△市で回収された1人あたりの1日のごみの
　量は960g。
・リサイクル率は，回収された全体のごみの量に対するリサイ
　クルされた量の割合で計算できる。
・岡山県のリサイクル率の目標は33％。令和元年度の岡山
　県のリサイクル率は47都道府県中1位。

取材メモ2　10月20日　　　　　花子

〈ペットボトルのリサイクルについて〉
・回収された空のペットボトルは，運びやすいように「ベール」
　という直方体の形におし固められる。
・〇△クリーンセンターでは，ベールはくずれないようにぴった
　り重ねて積み上げている。
・ベール1つの重さは約190kg。
・空の500mLのペットボトル1本の重さは30g。
・空の2Lのペットボトル1本の重さは50g。

木

令和５年度

岡山県立中学校及び岡山県立中等教育学校　　適性検査Ⅰ

【注意】

・　この検査は，文章を読んで，太字で書かれた課題に対して，答えやあなたの考えなどをかく検査です。課題ごとに，それぞれ指定された場所にかきましょう。

・　検査用紙は，表紙（この用紙）をのぞいて，３枚あります。指示があるまで，下の

受検
番号

3※

課題3　太郎さんと花子さんは，日本の農業と気候について調べ，先生を交えて
　　　話し合いました。あとの会話文を読んで，（1）～（3）に答えましょう。

太郎：二毛作という言葉を聞いたので，どのようなものかインターネットで調べ
　　　て資料1にまとめました。二毛作とは，資料1のように，1年間に米と小
　　　麦などの異なる2種類の作物を同じ耕地でさいばいすることです。
先生：それでは，二毛作はどのような地域でさかんに行われていると考えますか。
花子：二毛作のさかんな地域は，その地域の気候と大きな関係があると考えまし
　　　た。そこで，資料2の2つの都市の気温と降水量を比べてみました。
太郎：この2つの都市では，どちらで二毛作がさかんに行われているのだろう。

資料1　二毛作の1年間の作つけスケジュール

資料2　新潟市と佐賀市の月別平均気温と月別
　　　　平均降水量

（気象庁の資料から作成，1991年～2020年までの平均）

（1）　新潟市と佐賀市では，どちらの都市で二毛作がさかんに行われていると
　　　考えますか。資料1，資料2をもとに2つの都市の気候を比かくしながら，
　　　あなたの考えを書きましょう。

※

太郎：農業といえば，日本では弥生時代を中心に米づくりが
　　　始まったと学習しました。
花子：狩りや採集が中心だった生活が，米づくりが始まった
　　　ことで大きく変わったようですね。
太郎：どのような変化があったのかを資料3にまとめました。
　　　資料3のようにお墓や矢じりに変化があったことがわ
　　　かりました。
先生：なぜ，お墓や矢じりはこのように変化したのでしょう
　　　か。その理由を考えてみましょう。

資料3

	狩りや採集が中心の時代	米づくりが中心の時代
お墓	・住居の周りに小さいお墓が複数作られた	・小さなお墓に加えて，大きなお墓が作られた ・大きなお墓の周りに石やつぼがかざられた
矢じり	・大きさ：1～3㎝ほど ・材料：石 ・形状：うすくて軽い ・特ちょう：遠くまで速く飛ぶ	・大きさ：1～6㎝ほど ・材料：石や鉄などの金属 ・形状：厚くて重い ・特ちょう：深くささる

（あいち朝日遺跡ミュージアム資料，愛知県埋蔵文化センター紀要などから作成）

（2）　米づくりが中心になった時代に，お墓と矢じりに資料3のような変化がみられるのはなぜですか。変化した理由として考
　　　えられることを，それぞれについて米づくりと関連付けて書きましょう。

※	お墓	
※	矢じり	

先生：日本で米づくりがさかんになったのは，日本の気候と米の育つ条件が合っていたからですね。このように日本の気候や自然
　　　かん境は人々にめぐみをもたらす一方で，自然災害を起こし，ひ害をもたらすこともありますね。
太郎：学校では，地域の防災意識を高める取り組みを学習しました。
花子：災害に備えて，準備や対策をしておくことが大切ですね。私が住む地域では，今度，ひ難訓練をする予定です。ひ難訓練を
　　　してみると，実際のひ難の時に困ることなどがわかるかもしれません。

（3）　花子さんは地域のひ難訓練に参加して，「ひ難行動要支えん者」（ひ難時にだれかの助けを必要とする人）への支えんが課
　　　題であることを知りました。「ひ難行動要支えん者」がどのような人か具体例を1つあげ，その人がどのようなことに困るか，
　　　また，その人に対して地域の人たちはどのような支えんができるか，あなたの考えを書きましょう。

※

受検番号 ［　　　　　］

（2）
——ウの漢字について興味をもち、漢字辞典で調べることにしました。漢字辞典で調べるときは、「部首さく引」「総画さく引」「音訓さく引」の三つのさく引を利用することができますが、あなたはどのさく引を使って調べますか。三つのさく引の中から二つを選び、それぞれについて調べ方を具体的に書きましょう。

諧

（　　）さく引

（　　）さく引

（3）
——「文学は、世界のとらえ方を変えるものです」とありますが、又吉直樹はＡの俳句において、正岡子規はＢの俳句において、何をどのようにとらえていると筆者は述べていますか。それぞれについて説明しましょう。

Ａ

Ｂ

（4）
筆者は、俳句とはどのようなものだと述べていますか。Ａ・Ｂ・Ｃの三つの俳句について書かれていることをふまえ、「俳句とは〜ものである。」という形に合わせて、八十字以内でまとめて書きましょう。（、や。なども一字に数えます。）

俳句とは

ものである。

80字

課題2　あなたの小学校では卒業にあたり「五年生におくる言葉」という掲示物を作ることになりました。その言葉には、小学校最後の一年間をどのように過ごしてもらいたいかというあなたの思いをこめます。あなたが漢字一字または漢字二字からなる言葉を一つおくるとき、どのような言葉にしますか。左の「おくる言葉」のマスに書きましょう。そして、その言葉にこめたあなたの思いを、具体的な経験とともに二百字以内で書きましょう。（、や。や「」なども一字に数えます。段落分けはしなくてよろしい。一マス目から書き始めましょう。）

「おくる言葉」

200字　　　100字

課題1　次の文章を読んで、（1）から（4）に答えましょう。

科学は、病気を治す薬を発明したり絶滅危惧種を守ったり、世界そのものを変える力をもちます。一方、文学は、世界のとらえ方を変えるものです。

A

静寂は爆音である花吹雪　又吉直樹　『芸人と俳人』

芥川賞作家の芸人・又吉直樹さんの俳句です（集英社文庫所収）。音もなく桜の花が散る、美しい光景です。しかし又吉さんは、その静寂を「爆音」だととらえました。静寂が正反対の爆音のように感じられるほど、圧倒的な孤独の中にいるのでしょうか。散る桜も狂気を帯びているようで、なおさら目が離せません。私はこの句を知ってから、静かな桜を見るたび、聞こえない爆音を聞きます。

B

もりあげてやまいうれしきいちご哉　正岡子規　『子規全集』

明治二十八年、病で生死の境をさまよい一命をとりとめた子規は、神戸の病院に入院していました。後輩の高浜虚子と河東碧梧桐は、看病のために毎日、近くの農園から苺を採ってきます。くだものが大好きな子規は、山盛りの苺を用意してもらえるのも病気になったおかげだ、病気は嬉しいものだなあ、と詠みました。ふつう、病気は嫌なものです。でも、子規はあえて、発想を変えました。言葉の力で、逆境も肯定してみせたのです。

科学で解決できないことを前にしたとき、私の世界を言葉で変えるのが、俳句の力です。その力は、俳句を受け取った人の世界をも変えるのです。

「俳」という字のつくりである「非」には、「そむく。逆の方へ向く」（『新漢語林　第二版』）という意味があります。あえて常識にそむき、違う考え方を採用することで、逆境をのりこえる力が生まれ、自分とは異なる他者への理解も深まります。

「こう考えてみたらどうだろう」と思考に角度をつけ、マイナスをプラスに変えてみましょう。過去の俳人たちは、言葉の想像力で、答えの出ない困難を乗りこえてきました。俳句には、現代を生き抜くヒントがあります。みなさんもまた、解決できない問題の、分断と混乱の時代に漕ぎ出してゆくことになります。そのとき、俳句という詩の考え方を装備に加えておくことで、自分らしさを見失わず生きてゆけるかもしれません。

C

俳諧や木の実くれさうな人を友　正岡子規　『子規全集』

木の実はたいした役に立ちませんが、心を灯します。受け取ったとき、ふと笑みがこぼれます。「俳諧」＝俳句とは、誰かと木の実を差し出し合い、友だちのように語り合える、あたたかい詩です。言葉を通して、他者と心を通わせる経験は、きっとみなさんの財産になります。

私たちはふつう、明日もあさっても、今日と同じ日々が続くと思っています。でも、そんな保証はありません。それに、俳句をはじめると、今日と同じ日は二度と来ないことに気づきます。「おはよう」とあくびする友だちの寝ぐせ、教室を吹き抜けてゆく春風のやわらかさ。それらはすべて、今、この瞬間にしか存在しないものです。

今日がもし、世界最後の日だったら、なんでもない日々の風景も、一度っきりの今として、その朝焼けに染まる雲のかたち、朝ごはんのウインナーの焦げ、かけがえのない世界のかけらに心ときめくとき、あなたはもう、りっぱな俳人です。その今と今として、輝きだすでしょう。

（神野紗希著『俳句部、はじめました――さくら咲く一度っきりの今を詠む』岩波ジュニアスタートブックスから）

*1絶滅危惧種…地球上から姿を消すことが心配されている生物。
*2俳人…俳句を作る人。
*3芥川賞…新人に与えられる文学賞。
*4所収…その本にとり入れられていること。
*5哉…感動の気持ちを表す言葉。
*6正岡子規…明治時代に俳人や歌人として活やくした人。
*7肯定…そうだとみとめること。
*8新漢語林…漢字辞典の一つ。
*9山積…山のようにたくさんたまること。
*10くれさうな…「くれそうな」の昔のかなづかい。

（1）
　　ア「発明」、　　イ「発想」のように、「発」を使った言葉はたくさんあります。「発」を使って、「発明」「発想」以外で、解答らんに当てはまるように漢字二字の言葉を作りましょう。ただし、「一」や「百」などの漢数字を使ってはいけません。また、同じ漢字も二回以上使ってはいけません。

発　発　発　発　発

※

令和四年度

岡山県立倉敷天城中学校　適性検査Ⅱ

【注意】

・この検査は、文章や資料を読んで、太字で書かれた課題に対して、答えやあなたの考えなどを書く検査です。課題ごとに、それぞれ指定された場所に書きましょう。

・検査用紙は、表紙（この用紙）をのぞいて三枚あります。指示があるまで、下の検査用紙を見てはいけません。

・「始め」の合図があってから、検査用紙の枚数を確かめ、三枚とも指定された場所に受検番号を記入しましょう。

・検査用紙の枚数が足りなかったり、やぶれていたり、印刷のわるいところがあったりした場合は、手をあげて先生に知らせましょう。

・検査用紙の　※　には、何もかいてはいけません。

・この検査の時間は、四十五分間です。

・表紙（この用紙）と検査用紙は、持ち帰ってはいけません。

課題3　太郎さんと花子さんは公園で授業のことを思い出しながら話をしています。あとの（1）～
（3）に答えましょう。

図1

太郎：日なたはあたたかくて過ごしやすいね。そういえば，かげの動きについて学習したね。
花子：どの場所ならこのあともかげの中に入らないで，日なたのままなのかな。

※

（1）　図1は木のかげができているようすを表していて，かげは北向きにできています。この日の日ぼつ
までの間で，このあとも図1の木のかげの中に入らないベンチはA，Bのどちらか記号で答えましょ
う。また，そのように考えた理由を，太陽の動く方位とかげのでき方を関連づけて説明しましょう。
ただし，この日は晴れていて，太陽は雲にかくれることがなく，図1のベンチのかげは省略されてい
るものとします。

説明	
	ベンチ

花子：ゴムの力で走る車について学習したね。
太郎：部品をいろいろと変えると，車が走るきょりはどんなふうに変わるのかな。

図2

※

（2）　図2のような輪ゴムの力で走る車を2台つくって，部品のちがいによって走るきょりがどの
ように変わるのか調べようと思います。車をつくるための部品のうち，選べる部品は図3にある，
形がちがう車体，はばがちがうタイヤ，大きさがちがういすだけで，それぞれから1つずつ選ん
でつくります。部品の種類と走るきょりにはどのような関係があるか，1種類の部品に着目して
予想しましょう。また，その予想を確かめるために必要な部品を，2台それぞれについて図3
のア～カの記号で答えましょう。ただし，車体の形，タイヤのはば，いすの大きさ以外の条件は
2台ともすべて同じで，すべての部品は2台分用意されているものとします。

図3

予想	予想を確かめる2台の部品		
		車体	タイヤ	いす
	1台目			
	2台目			

すべての部品は2台分用意されています。

太郎：ものの温まり方を学習したね。
花子：飲み物によって温まり方や冷め方にちがいがあるのかな。

※

（3）　コーンスープと水をそれぞれ温めたときと冷ましたときに，図4のように液体の上部と下部の温度をはかりました。図5は液体
をビーカーの底から温めたときの温度変化，図6は液体を冷ましたときの温度変化を示しています。図5と図6のグラフから，水
の温度変化の特ちょうと異なるコーンスープの温度変化の特ちょうを答えましょう。また，温めたときにそのような特ちょうにな
る理由を説明しましょう。ただし，コーンスープにはトウモロコシなどのつぶは入っていないものとします。

図4　温度のはかりかた

図5　温めたときの時間と温度の関係

図6　冷ましたときの時間と温度の関係

特ちょう	説明

課題2　太郎さんと花子さんは，学芸会のかざりつけについて，次のような会話をしています。あとの（1）～（3）に答えましょう。

太郎：折り紙を使ったらどうかな。
花子：いろいろな折り方ができるね。

※

（1）　正方形の折り紙を図1の①，②の順に折って図2の形をつくりました。図2の㋐の角度は何度か答えましょう。

	度

①点線のように折り目をつけ，下半分を上に折る

②太い線で上に折る

図1

図2

太郎：折り紙を折って切ったら，いろいろな形ができるね。

※

（2）　1辺の長さが10cmの正方形の折り紙を図3の①，②の順にたてと横に半分に折って図4の形をつくりました。折った折り紙をはさみで切って広げると図5の形ができました。どのように切ったかを図6の㋐～㋓から1つ選び，記号で答えましょう。また，図5の図形の面積を答えましょう。ただし，切り取る色のついた部分は図4の形のどこかの頂点を中心とした円の一部分とし，円周率は3.14とします。

記号		cm²

A：折り目が交わる点

①点線のように折り目をつけ，下半分を上に折る

②左半分を右に折る

図3

図4

図5

A　㋐　　A　㋑　　A　㋒　　A　㋓

図6

太郎：切った折り紙をかざるのに板を使ったらどうかな。
花子：板に色をぬるときれいだね。

※

（3）　太郎さんと花子さんは，図7のような2つの台形からできている板に2人でいっしょに色をぬろうとしています。太郎さんは，3m²の面積の板に色をぬるのに0.2時間かかります。花子さんは，2m²の面積の板に色をぬるのに0.15時間かかります。図7の板に2人で同時に色をぬり始めてから，すべてぬり終えるまでに何時間何分かかるか答えましょう。また，どのようにして求めたのかも説明しましょう。ただし，2人ともそれぞれ1分間に板に色をぬる面積は，最後まで変わらないものとし，同じ場所を重ねてぬることはないものとします。

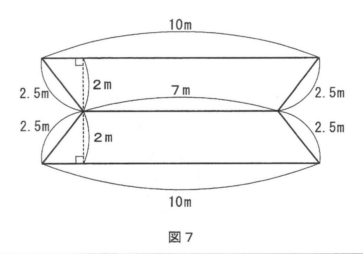
図7

説明		
	時間	分

受検番号		1※	2※	3※	※
					※70点満点（配点非公表）

課題1　太郎さんと花子さんは，先日のお楽しみ会をふり返って話をしています。あとの（1）～（3）に答えましょう。

太郎：昼食はピザにしておいてよかったね。
花子：そうだね。みんながそれぞれ好きな大きさに切り取ることができたよね。

※

（1）　太郎さんたちは1枚の大きなピザを用意しました。太郎さんはそのピザから $\frac{1}{5}$ の大きさを切り取りました。そして花子さんは，残りのピザから太郎さんが切り取った大きさの半分の大きさを切り取りました。さらに進さんが，残りのピザから太郎さんが切り取った大きさの3倍の大きさを切り取りました。このとき，残っているピザの大きさは，はじめにあったピザの大きさの何倍になっているか答えましょう。

倍

太郎：数字当てゲームはどうだった。
花子：カードに書かれている数字からいろいろなことがわかって楽しかったよ。

※

（2）　0，1，2，3，4，5，6，7，8 の9枚のカードがあります。これらのカードを太郎さん，花子さん，進さんの3人に，それぞれ3枚ずつカードが余らないように配りました。その結果，表1のようなことがわかりました。このとき，3人が持っているカードの数字の組み合わせとして考えられるものを1つ選んで答えましょう。

表1　それぞれが持っているカードの数字からわかったこと

太郎	3つの数字がすべて偶数で，3つの数字の積が0になる。
花子	3つの数字の積が21の倍数で，3つの数字の和が奇数になる。
進	3つの数字の積の一の位の数字が0で，3つの数字の積を3でわるとわり切れる。

解答らん

太郎のカード　□□□

花子のカード　□□□

進のカード　□□□

花子：お菓子や飲み物を午前中に買ってきてくれていたからよかったよ。
太郎：広告を事前に見ておいたから計画どおりの買い物ができたよ。

※

（3）　太郎さんは，1500円を持って自転車で買い物に出かけました。図1は2つの商店の広告で，図2は太郎さんの家，商店，ケーキ屋間のそれぞれの道のりを示したものです。太郎さんは午前10時に家を出て，商店ではスナック菓子を3袋とジュースを2本買い，ケーキ屋では300円のケーキを3個買ってその日の午前11時までに家に帰ってきました。このとき，買い物をした店の順番として考えられるものを1つ選んでAからDの記号で答えましょう。また，どのようにして求めたのかも説明しましょう。ただし，自転車は分速200mで一定の速さで走ったものとして，商店での買い物には15分，ケーキ屋での買い物には5分かかったものとします。また，買い物をしたときの消費税は考えないものとします。

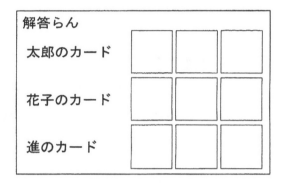

商店Aの広告

定価
スナック菓子1袋　・・・　100円
ジュース1本　・・・　180円

本日のタイムセールは30分間！
午前10:00～10:30の間に買い物をすませれば
全品定価の2割引き！

商店Bの広告

定価
スナック菓子1袋　・・・　120円
ジュース1本　・・・　200円

本日のタイムセールは30分間！
午前10:30～11:00の間に買い物をすませれば
全品定価の30%引き！

図1

説明

太郎さんの家　→　　　　→　　　　→　太郎さんの家

図2

令和４年度

岡山県立倉敷天城中学校　　適性検査Ⅰ

【注意】

- この検査は，文章を読んで，太字で書かれた課題に対して，答えやあなたの考えなどをかく検査です。課題ごとに，それぞれ指定された場所にかきましょう。

- 検査用紙は，表紙（この用紙）をのぞいて，３枚あります。指示があるまで，下の検査用紙を見てはいけません。

- 「始め」の合図があってから，検査用紙の枚数を確かめ，３枚とも指定された場所に受検番号を記入しましょう。

- 検査用紙の枚数が足りなかったり，やぶれていたり，印刷のわるいところがあったりした場合は，手をあげて先生に知らせましょう。

- 検査用紙の ※ には，何もかいてはいけません。

- この検査の時間は，４５分間です。

- 表紙（この用紙）と検査用紙は，　持ち帰ってはいけません。

- 表紙（この用紙）の裏を，　計算用紙として使用してもよろしい。

3※

課題3　太郎さんと花子さんは，くらしの中のさまざまな情報や生活の変化について，先生を交えて話し合いました。あとの会話文を読んで，（1）～（3）に答えましょう。

資料1　2013年と2018年における年代別
テレビ・インターネットの平日
1日当たりの利用時間の変化

（総務省資料から作成）

先生：世の中には多くのメディアが存在します。みなさんはテレビやインターネットをどのくらい利用しているのでしょうか。資料1を見てみましょう。

太郎：グラフの矢印には，どんな意味があるのかな。

花子：10代から60代までのそれぞれの年代について，テレビを見る時間とインターネットを利用する時間の変化が分かるのではないかな。

先生：そうですね。ではこの資料を見て，10代から60代までの6つの年代について，利用時間が5年間でどのように変化したかを考えてみましょう。

（1）　テレビを見る時間とインターネットを利用する時間について，資料1の6つの年代を変化の特ちょうによって大きく2つのグループに分けたいと思います。あなたならどのようなグループに分けますか。分けた理由もふくめて書きましょう。

※

先生：商品やサービスを提供する会社は，自社の商品に関する情報を届ける手段の一つとして広告を利用します。ここに1990年と2020年の新聞があります。この2つの新聞にある広告の内容を項目ごとに分けてグラフにすると，何か気付くことがありますか。

太郎：30年間で新聞広告の内容が大きく変わっています。1990年は，自動車や住まいに関するものが多いですが，2020年では，健康や医療に関するものが多くなっています。

花子：この30年間で新聞広告の内容が変化した理由は何かな。

資料2　新聞広告の内容

1990年5月18日(金)の朝刊　　2020年5月15日(金)の朝刊

※紙面に掲載されたすべての広告に対する面積比による。
（朝日新聞縮刷版から作成）

（2）　資料2を見ると，30年間で新聞広告の内容が変化しています。「世代」という言葉を必ず用いて1990年と2020年の特ちょうを比べながら，変化した理由として考えられることを書きましょう。

※

先生：現在，さまざまなメディアを通じて多くの情報を得るだけでなく，自分たちで情報を発信することもできる時代になりました。そのことで，社会とわたしたちの関係はどのように変わったのでしょうか。

太郎：例えば，自分の意見や良さを発信する機会が少なかった人でも，積極的に発信できる機会が増えてきていると思います。

花子：つまり，情報化が進むことで，これまでよりも社会との関わりを強めることができるようになったということですね。

（3）　これまで自分の意見や良さを社会に向けて発信する機会が少なかった人が，情報化が進むことによって積極的に発信し，社会との関わりを強めることができるようになった例としてどのようなものがありますか。解答らんの　　ア　　には，発信する機会が少なかった人を，　　イ　　には，発信した内容と，発信したことで社会との関わりを強めることができるようになった例を書きましょう。

ア		人が，情報化が進むことによって
※	イ	

2※

※

※

※

※

（2） ――ア「これ」が指す内容を十字以内で書きましょう。

（3） ――イ「言語のレベルと思考のレベルは比例する」とは、どういうことですか。別の言葉に言いかえて、三十五字以内で書きましょう。（、や。や「　」なども一字に数えます。）

（4） ――ウ「それぞれの『読解力』には違いがある」と村上さんが考える理由を、文章中の言葉を使って説明しましょう。次の文の書き出しに続けて、解答らんに八十字以内で書きましょう。（、や。や「　」なども一字に数えます。）

「生活」の役に立つ「読解力」は、実用的な文章や資料を読み取る力で、すでにその力を習得した人の読み取るプロセスをたどりながら鍛える必要があるのに対して、

課題2　「One for all, All for one.」という言葉があります。この言葉は「一人はみんなのために、みんなは一人のために。」と訳されます。ほかに、「一人はみんなのために、みんなは勝利のために。」という意味をもっとも言われています。「勝利」を意味するときには、個人と集団の関係、さらにはその集団の目標について表しています。あなたの経験をもとにすると「一人はみんなのために、みんなは　　　のために。」の　　　に「勝利」以外で集団の目標を表すどのような言葉を入れますか。左の　　　に書きましょう。

また、※の一文全体の意味を説明し、あなたが集団の中でどのような役割をどのように果たしたかを二百字以内で書きましょう。ただし、　　　に入る言葉は漢字二字でなくてもよろしい。（、や。や「　」なども一字に数えます。　段落分けはしなくてもよろしい。一マス目から書き始めましょう。

※「一人はみんなのために、みんなは

　　　　　　　　　のために。」

200字

100字

課題1 次の文章を読んで、(1)から(4)に答えましょう。

わたしたちは毎日、いろいろなものを読んでいます。例えば、学校の授業では、教科書を読みます。国語や道徳の授業では、物語や説明文、伝記などを読みます。また、算数や理科の授業では図形や式、グラフなどの資料を読むこともあるでしょう。

しかし、わたしたちが読むものは「これだけではありません。友だちからもらった手紙、新聞やインターネットのニュース、あと、小説の主人公の気持ちを読み取るときにも、複数のグラフから問題点を考えるときにも「読解力」が必要だということです。そして、その内容を理解しながら、わたしたちは生活しています。

書かれたものを読み、内容を理解する力を「読解力」といいます。以前は文章を読むときに使う言葉だという印象がありましたが、最近では文章に限らず「資料」の読み取りなどもふくめて、広い意味で使われるようになってきました。このような「読解力」について、長年、中学校や高等学校で国語を教えてきた村上慎一さんは、著書の中で次のように述べています。

「言葉をみがき、精密な運用を目指す『国語』という教科は、『人生』のすぐ近くにある。『なぜ国語を学ぶのか』という問いへの答えは、シンプルである。よりよい人生、より豊かな生のために学ぶのである。」

その思いは、今も変わらない。ひとが言葉で生きる存在である以上、言葉の精密な運用は人生に直接かかわると思う。「国語」という教科の推進力は「読解力」だという思いの延長線上には豊かな生への思いがある。

「読解力」は、「読むこと」だけに働くわけではない。「聞くこと」「話すこと」「書くこと」のベースには「読解力」がある。「読解力」とは、言葉の表現者の意図を正確に読み、それを自分の言葉に置き換えて解釈する力である。表現者の意図を読み取るには、表現者の立場や心情に対する想像力が求められる。疑問が生じ、どういうことかと自分の頭で考えてみることも当然あるだろう。その鍛錬がなければ、自らが言葉による表現者になることはないように思う。

私が「国語」という教科で求めてきた「読解力」とは別の「読解力」が話題になることが多くなったという気がする。言葉は「読解力」で同じだが、大きな違いがある。これまで国語で学ぶことをしてきた「読解力」が「人生」に直接かかわるものであったのに対し、昨今話題の「読解力」は「生活」にかかわるもののようにみえる。「生活」の役に立つ「読解力」は、どうでもよいと思っているわけではない。たとえば、「実用的な文章」の読み取り、図や表といった「資料」の読み取りなども、おろそかにしてはいけないのだと思う。これらの読み取りが必要だとして、どのようにその「読解力」を鍛えたらよいのだろう。すでに「実用的な文章」の読み取りや「資料」の読み取りを自分のものにしている人がどのようなプロセスを経てそれらの読み取りを自分のものにしたかを考える必要がある。

(村上慎一著『読解力を身につける』岩波ジュニア新書 前書きより 出題のために一部改めた所があります。)

*2 鍛錬…きたえること

*3 昨今…このごろ

*4 プロセス…物事を進める順序

ここでは「読解力」が大きく二つに分類されています。そして、ウそれぞれの「読解力」には違いがあると村上さんは考えています。わたしたちが生きていく上で、「読解力」は欠かせません。二つの「読解力」を身につけることで、よりよい人生、より豊かな生を手に入れることができるのではないでしょうか。

「クリーン作戦の案内文」

令和〇年〇月〇日

△△町内会のみなさま

□□□市立△△小学校
児童会長　岡山　太郎

△△小学校区クリーン作戦のご案内

<u>新緑がまぶしい季節になりました。</u>みなさま、いかがお過ごしでしょうか。

さて、今回私たち△△小学校児童会では、学区のクリーン作戦を計画しました。

△△町内会のみなさまにも、この活動に協力していただければと思っています。参加できる方は次のとおり、お集まりください。

> たくさんの人の参加を待ってます。

記

1　日　時　令和〇年11月〇日（土）午前9時～午前11時
2　場　所　△△公園

〜〜〜〜〜〜〜〜〜〜〜〜〜〜〜〜〜〜〜〜

（1）　「クリーン作戦の案内文」について、次の①、②の問いに答えましょう。

①　クリーン作戦は11月に行われるため、この案内を10月に配布することにしました。点線部分「新緑がまぶしい季節になりました。」を季節にふさわしい文に書き直しましょう。

②　文中□□□部分の「たくさんの人の参加を待ってます。」を、敬語を使った文に書き直しましょう。

令和三年度

岡山県立倉敷天城中学校　適性検査Ⅱ

【注意】

・この検査は、文章や資料を読んで、太字で書かれた課題に対して、答えやあなたの考えなどを書く検査です。課題ごとに、それぞれ指定された場所に書きましょう。

・検査用紙は、表紙（この用紙）をのぞいて三枚あります。指示があるまで、下の検査用紙を見てはいけません。

・「始め」の合図があってから、検査用紙の枚数を確かめ、三枚とも指定された場所に受検番号を記入しましょう。

・検査用紙の枚数が足りなかったり、やぶれていたり、印刷のわるいところがあったりした場合は、手をあげて先生に知らせましょう。

・検査用紙の　※　には、何もかいてはいけません。

・この検査の時間は、四十五分間です。

・表紙（この用紙）と検査用紙は、持ち帰ってはいけません。

課題3　太郎さんと花子さんが理科室の実験器具について話をしています。あとの（1）～（3）に答えましょう。

太郎：豆電球に明かりをつけたいのに，豆電球のソケットがみつからないな。
花子：ソケットがなくても，工夫をすれば豆電球の明かりをつけることができるよ。

※

（1）　図1は，豆電球のソケットのしくみを表しています。右の解答らんの豆電球に，
　　　図2の2つを使って，豆電球に明かりがつくつなぎ方の図をかきましょう。ただし，
　　　使える導線の長さは自由に変えることができますが，切ることはできません。図は，
　　　定規を使わずにかいてもかまいません。

解答らん

図1

かん電池　1個　　導線　1本
図2

太郎：濃さのちがう食塩水を，なめること以外の方法で見分けることができるかな。
花子：実験器具を使うと，いくつかの方法で見分けることができると思うよ。

※

（2）　図3のように同じ大きさの容器に濃さがちがう食塩水AとBが入っています。濃い食塩水を見分ける方法を1つ考
　　　えて，どのような結果から濃い食塩水であると見分けられるのかを，食塩水A，Bと図4で示されているものを使って
　　　説明しましょう。ただし，食塩水A，Bと図4で示しているものについては，数や量はどれだけ使用してもかまいませ
　　　ん。また，使用しないものがあってもかまいません。

食塩水A　　　食塩水B
図3

水　　　　食塩　　　　蒸発皿
電子てんびん　ビーカー　温度計　アルコールランプセット　メスシリンダー
図4

説明

花子：ご飯をたく前に，米に水を吸水させるとふっくらしたご飯になると教えてもらったよ。
太郎：吸水させる時間は何分ぐらいにすればいいかな。

※

（3）　図5は，米が吸水したようすを表したものです。図6は，米の吸水量と浸水時間の関係を示したものです。夏は
　　　30分程度の浸水でよいといわれていることから，冬は何分程度浸水させるとよいか，答えましょう。また，その理由
　　　を図6のグラフをもとに具体的な値を使って説明しましょう。

浸水0分

浸水150分
図5

図6　米の吸水量と浸水時間のグラフ

説明

分程度

受検
番号

2※

課題2　太郎さんと花子さんは，卒業式の会場のかべにはる掲示物について，次のような会話をしています。
あとの（1）～（3）に答えましょう。

太郎：写真をたくさんはりたいね。
花子：写真の4つの角を丸く切った形はどうかな。

※

（1）　図1のような長方形の写真の角を丸く切って図2の
形にした写真をはります。図2の形の写真の面積を答
えましょう。ただし，角を切り取った丸い部分は円の
円周の一部分とし，円周率は3.14とします。

cm²

10cm

6 cm

2 cm

2 cm

図1　　　　　図2

太郎：先生へのメッセージを紙に書いてはるのはどうかな。
花子：紙を同じ形にしてすきまなく並べてはればきれいだね。

※

（2）　図3のようなあ三角形，い四角形，う正五角形，
え正八角形があります。これらの図形のうち1種類だ
けを使って図4のようにすきまなく並べていきます。
このとき，すきまなく並べられる図形をあ～えの
中からすべて選び，記号で答えましょう。また，なぜ
選んだ図形がすきまなく並べられるのかも説明しま
しょう。

25°
125°　30°
あ

85°　130°
75°　70°
い

108°
う

135°
え

図3　　　　　　図4

説明

選んだ図形

太郎：卒業制作で作ったポスターもはろうよ。
花子：ポスターのはしを重ねてはると，画びょうの数が少なくできるね。

※

（3）　図5のようなたて51cm，横36cmのポスター120枚を，
図6のようにそれぞれのポスターのはしを2cm重ね，
4すみを画びょうでとめながらすきまなくはってい
きます。たての並びを列，横の並びを行とし，各列，
各行にはるポスターの枚数はそれぞれ同じとします。
会場内のたて2.5m，横10.5mのスペースに，ポスター
がはみ出さないようにはるとき，たて，横にはるポス
ターの枚数と使う画びょうの個数を答えましょう。また，
どのように求めたのかも説明しましょう。

1列　2列　　　　　2cm
1行
2cm
2行

36cm
51cm

図5　　　　　図6　　○：画びょう

説明

たて　　　枚，横　　　　枚，使う画びょうの個数　　　　個

課題1　太郎さんと花子さんは，的当て大会の計画をしています。あとの（1）～（3）に答えましょう。

太郎：的当て大会の参加賞を買いに行こう。
花子：一度家に帰ってから，お店で集合することにしましょう。

※

（1）　太郎さんは家からお店まで 0.8km の道のりを徒歩で行き，花子さんは家からお店まで 3.2km の道のりを自転車で行きました。徒歩の速さは時速4km，自転車の速さは時速 12km です。このとき，太郎さんと花子さんが，家からお店まで行くのにそれぞれ何分かかるか答えましょう。

太郎	分	花子	分

太郎：参加賞のあめは袋に入れて分けておこうよ。
花子：1人分のあめを何個にしようかな。

※

（2）　太郎さんたちは，参加賞として，1人に1袋ずつあめを用意しています。1袋に6個ずつあめを入れると，用意した袋の $\frac{3}{5}$ を使い，あめが余る予定でした。しかし，参加者が 12 人増えることになったので，1袋に入れるあめの個数を5個ずつに変えました。用意した袋の $\frac{3}{4}$ にすべてあめを入れましたが，そのうち1袋だけあめが足りない袋がありました。このとき，増えた後の参加者の人数，用意したあめの個数と袋の枚数を答えましょう。また，どのように求めたのかも説明しましょう。ただし，あめの個数は考えられる個数の中から1つ選んで答えることとします。

説明

増えた後の参加者	人	あめ	個	袋	枚

太郎：的当て大会を成功させたいね。
花子：4人で練習してみよう。

※

（3）　的当て大会では，図1のような的に3回ずつボールを投げ，当たった的にかかれている数字の合計を得点として競います。ボールを1回投げて2つ以上の的に同時に当たることはありません。太郎さん，花子さん，進さん，陽子さんの4人で練習すると，太郎さんは3回ともちがう数字の的に当てました。このとき，考えられる太郎さんの得点をすべて答えましょう。

図1

考えられる太郎の得点	

次に，資料1の会話に合うように，考えられる太郎さんの得点の中から1つ選び，太郎さん以外の3人の得点を1通り答えましょう。ただし，得点が高い人から順位が1位，2位，3位，4位となることとします。

資料1

花子「私は3回とも同じ的に当たったよ。全員得点はちがうね。」
進　「ぼくは1回的に当たらなかったけど，2位だったよ。」
陽子「私の得点は太郎さんの得点の 1.5 倍だったよ。」

選んだ太郎の得点	点

花子の得点	点
進の得点	点
陽子の得点	点

令和３年度

岡山県立倉敷天城中学校　　適性検査Ⅰ

【注意】

・　この検査は，文章を読んで，太字で書かれた課題に対して，答えやあなたの考えなどをかく検査です。課題ごとに，それぞれ指定された場所にかきましょう。

・　検査用紙は，表紙（この用紙）をのぞいて，３枚あります。指示があるまで，下の検査用紙を見てはいけません。

・　「始め」の合図があってから，検査用紙の枚数を確かめ，３枚とも指定された場所に受検番号を記入しましょう。

・　検査用紙の枚数が足りなかったり，やぶれていたり，印刷のわるいところがあったりした場合は，手をあげて先生に知らせましょう。

・　検査用紙の ※ □ には，何もかいてはいけません。

・　この検査の時間は，４５分間です。

・　表紙（この用紙）と検査用紙は，　持ち帰ってはいけません。

・　表紙（この用紙）の裏を，　計算用紙として使用してもよろしい。

課題3 太郎さんと花子さんは授業でごみ問題について先生と話をしました。あとの（1），（2）に答えましょう。

太郎：最近，プラスチックごみのことが問題になっていますね。

花子：プラスチックは軽くて丈夫だけど，自然に分解されないものもあるから困ると聞きました。プラスチックはどのように作られているのですか。

先生：プラスチックは石油を原料として石油化学コンビナートなどで作られています。

資料1　工業生産額のうちわけ（2016年）

瀬戸内工業地域
（岡山県・広島県・山口県・香川県・愛媛県）
計 29兆989億円
機械 37%
その他 17%
食品 8%
化学 21%
金属 17%

関東内陸工業地域
（埼玉県・群馬県・栃木県）
計 30兆6520億円
機械 46%
その他 18%
食品 16%
化学 9%
金属 11%

（日本国勢図会 2019/20 から作成）

資料2　工業地域と石油化学コンビナートの分布

●：石油化学コンビナート所在地

関東内陸工業地域
瀬戸内工業地域

（日本国勢図会 2019/20 から作成）

（1）　資料1と資料2を関連させて，関東内陸工業地域とくらべた瀬戸内工業地域の特色を，解答らんの書き出しに続けて説明しましょう。

※

瀬戸内工業地域は

先生：では，プラスチックごみはどのように処理されているのでしょうか。

花子：リサイクルされていると思います。

先生：リサイクルとは「再資源化」のことですね。それではプラスチックのリサイクルはどのように行われているのか，調べてみましょう。

資料3　街にある施設

スーパーマーケット　市役所　せいそう工場

（2）　プラスチックのリサイクルの取り組みについて調べるために，街に取材に出かけました。

ア　資料3のスーパーマーケットか市役所のどちらかを取材します。取材する施設を選んで，あなたが取材したいことを，その施設が行っている「リサイクルの取り組み」に関連づけて書きましょう。

イ　資料4は，せいそう工場に取材に行ったときにもらったパンフレットに書かれていたものです。資料の数量または割合に注目して，あなたが考える「リサイクルの課題」と，「なぜそのことを課題と考えたか」を具体的に説明しましょう。

資料4　日本のプラスチックの処理・処分の内容（2017年）

		万t	%
リサイクル	国内処理 *1	108	12
	輸出 *2	143	16
	エネルギー回収 *3	524	58
未利用	単純焼却 *4	76	8
	うめ立て	52	6
	合　計	903	100

（一般財団法人プラスチック循環利用協会「プラスチックリサイクルの基礎知識」，財務省貿易統計から作成）

*1 国内処理：国内の工場で再資源化の処理をする。
*2 輸出：国外に輸出してリサイクルしてもらう。
*3 エネルギー回収：燃やした熱を利用する。
*4 単純焼却：熱などを利用することなく焼却する。

※ ア

※ イ

(2)
——ア「自分がどのように跳ぶか、そのイメージを事前に完全に作っておき、ときにどんな良いことがあると筆者は考えていますか。五十字以内で書きましょう。（、や。や「」なども一字に数えます。）

※

(3)
——イ「見えない人」とありますが、私たちの社会には、目の見えない人や見えにくい人にとって助けになるものや工夫がたくさんあります。点字ブロックやめがねは、その代表的なものです。この他に、あなたの身の回りにあるものや工夫を一つ挙げて、どのように目の見えない人や見えにくい人の助けになっているかを説明しましょう。

※

50字

(4)
——ウ「日本はこれから、どの国も経験したことのないような超高齢化社会に突入します」とありますが、超高齢化社会では、どのようにすることが求められていると筆者は考えていますか。なぜそう考えているのかもふくめて、解答らんの外のことばに合うように六十字以内で書きましょう。（、や。や「」なども一字に数えます。）

※

60字

ことが求められていると考えている。

課題2　倉敷天城中学校では、「幅広い知識と国際感覚を身に付け、国際社会で活躍できる知的バランスのとれた生徒の育成」を目指しています。国際社会で活躍するために最も必要だとあなたが考えることを一つ挙げ、そう考える理由をふくめて二百字以内で書きましょう。（、や。や「」なども一字に数えます。段落分けはしなくてよろしい。一マス目から書き始めましょう。）

2※

※

200字　　　　　　100字

課題1　次の文章を読んで、あとの(1)から(4)に答えましょう。

　見えない人がスポーツをする際にも、イメージが大きな力を持つ場合があります。葭原さんが二十二歳で見えにくくなって最初にやったスポーツは、走り高跳びでした。一瞬ごとに変化するサーフィンのようなスポーツと違って、ア自分がどのように跳ぶか、そのイメージを事前に完全に作っておき、その通りに跳びます。地元の試合だろうが、パラリンピックだろうが、いつだって同じ「頭の中のバー」を跳ぶのです。いわゆる「イメージトレーニング」のようなもの、環境だけでなく自分の動きを含めたイメージの中に*1没入するのです。

　具体的には、とくに助走のイメージが重要です。見える人の場合、ジャンプの*2成否を決める要因の中で助走が占める割合は六割と言われます。ところがイ見えない人になると、これが八〜九割になる。しかも歩数が短く二、三歩程度しかありません。葭原さんは少し見えていたのでもっと長い距離を助走していましたが、*3全盲だと長くても五歩程度だといいます。

　この数歩をどのようにこなしたらいいか。ベストな*4フォームをひたすら筋肉に覚え込ませるのです。助走の動きを*5シミュレーションしてそのとおり動けるようにすることが、見えない人にとっての走り高跳びの練習です。「バーを跳ぶ」という目標に向かうのではなく、その過程での体の動きを作る。それはどこかダンスにも似ています。完璧なダンスが踊れると、その結果としてバーがクリアできるわけです。

　もちろん、スポーツは勝負事ですから、*6パスするかどうかの駆け引きなど現場で対応しなければならない要素もあります。しかし、「跳ぶ」という肝心の行為に関しては、頭の中にあらかじめ作ったイメージに徹底的に集中することが重要なのです。恐怖心は、対応できない*7偶発事が起こるかもしれないという*8ネガティブな予期から生まれます。偶発事を排除した揺るがないイメージに没入することができれば、恐怖心は生まれません。

　こうしたイメージへの没入は、見えない人の方がかえって得意とすることかもしれません。視覚がないぶん、不必要な情報に振り回されることがないからです。広瀬さんは、こうした集中力の高さは、武道においても役立ったといいます。たとえば居合道では、頭の中にイメージした敵に向かって、刀を振り下ろします。イメージされたものに体を合わせていく力は、見えない人の方が強いのかもしれません。

　障害と無関係な人はいません。誰しも必ず年をとります。年をとれば、視力が落ちる、耳が遠くなる、膝が痛む……等々、多かれ少なかれ障害を抱えた身体になるからです。ウ日本はこれから、どの国も経験したことのないような*9超高齢化社会に突入します。さまざまな障害を持った人が、さまざまな体を駆使してひとつの社会をつくりあげていく時代。つまり高齢化社会になるとは、身体多様化の時代を迎えるということでもあります。医療技術や工学技術の発展も、この多様化を加速する要因でしょう。

　そうなると、人と人が理解しあうために、相手の体のあり方を知ることが不可欠になってくるでしょう。異なる民族の人がコミュニケーションをとるのに、その背景にある文化や歴史を知る必要があるように、これからは、相手がどのような体を持っているのか想像できることが必要になってくるのです。

（伊藤亜紗著　『目の見えない人は世界をどう見ているのか』光文社新書から）

*1　没入・・・一つのことに集中すること。
*2　成否・・・成功するかしないか。
*3　全盲・・・両目の視力を失った状態のこと。
*4　フォーム・・・スポーツなどの動きの姿勢のこと。
*5　シミュレーション・・・実際の動きをまねて、同じように行うこと。
*6　パス・・・走り高跳びで自分の順番を飛ばすこと。
*7　偶発事・・・偶然に起こったできごと。
*8　ネガティブ・・・否定的なさま。
*9　超高齢化社会・・・総人口のうち、高齢者の割合が非常に高くなっている社会のこと。

(1)──「想像」は「そうぞう」と読みますが、同じ読み方をする熟語に「創造」があります。このように、別の漢字を使いながら、同じ読み方をする熟語を二つ考え、それぞれの熟語を使って文を作りましょう。「感心」と「関心」のように、一字違いの熟語でもかまいません。ただし、「想像」「創造」「感心」「関心」を使ってはいけません。

熟語	文

令和二年度

岡山県立倉敷天城中学校　適性検査Ⅱ

【注意】

・ この検査は、文章や資料を読んで、太字で書かれた課題に対して、答えやあなたの考えなどを書く検査です。

・ 課題ごとに、それぞれ指定された場所に書きましょう。

・ 検査用紙は、表紙（この用紙）をのぞいて三枚あります。指示があるまで、下の検査用紙を見てはいけません。

・ 「始め」の合図があってから、検査用紙の枚数を確かめ、三枚とも指定された場所に受検番号を記入しましょう。

・ 検査用紙の枚数が足りなかったり、やぶれていたり、印刷のわるいところがあったりした場合は、手をあげて先生に知らせましょう。

・ 検査用紙の ※ には、何もかいてはいけません。

・ この検査の時間は、四十五分間です。

・ 表紙（この用紙）と検査用紙は、持ち帰ってはいけません。

課題3 太郎さんと花子さんが秋の空を見ながら話をしています。あとの（1）～（3）に答えましょう。

太郎：明日の遠足は晴れるといいね。空の様子を見て，次の日の天気を予想することはできるのかな。
花子：太陽の方向に雲がなく夕焼けがきれいに見えると，次の日の朝は晴れることが多いはずだよ。

※

（1）　太郎さんと花子さんの会話で，花子さんが＿＿＿＿＿のように考えた理由を，夕焼けが見える方角と天気の
移り変わりを関連付けて説明しましょう。

説明

太郎：てるてるぼうずが風で左右にゆれている様子は，ふりこの動きに似ているね。
花子：ふりこについては理科の授業で学習したけど，ふりこのふれ方には何かきまりがあったよね。

※

（2）　図1のように，糸におもりを取り付けて，点Pを支点としたふりこを作
りました。おもりをある高さまで持ち上げて手をはなしたとき，このふり
この1往復する時間は4.0秒でした〔実験1〕。次に，点Pの真下の点Aに
くぎを固定し，実験1と同じ高さからおもりをはなすと，1往復する時間
は3.4秒でした〔実験2〕。最後に，おもりをはなす高さは変えず，くぎ
の位置を図2の点Bまたは点Cの位置に変えることで，1往復する時間
を4.0秒よりも短く，3.4秒よりも長くしたいと思います〔実験3〕。
　　このとき，点Bまたは点Cのどちらにくぎを固定すればよいかを選び，
選んだ理由を「ふりこの長さ」にふれながら説明しましょう。ただし，
点Pから点A，B，Cまでのきょりはそれぞれ等しくなっています。
また，点B，Cのどちらにくぎを固定した場合でも，糸はくぎにふれるものとします。

図1　実験1，2のようす

説明

点（　　　）

図2　実験3のようす

太郎：明日の気温も気になるね。温度計は，温度による物質の体積のちがいを利用したものだったよね。
花子：理科の授業でいくつかの物質の温度による体積の変化について学習したよ。

※

（3）　図3のように，試験管Aには水を，試験管Bには金属球と水を入れ，ガラス管のつい
たゴムせんをしました。試験管Cには，試験管の半分の高さまで水を入れた後，少量の
水を入れたガラス管のついたゴムせんをしました。
　　このとき，試験管内の温度はすべて10℃で，試験管AとBの水面の位置と，試験管C
の少量の水がある位置が，図3の------の高さでそろっていました。
　　次に，試験管A，B，Cのゴムせんよりも下の部分全体を，すべて同時に60℃のお
湯につけました。1分後のガラス管内のようすを正しく表したものを下の①～⑥から
1つ選び，選んだ理由を説明しましょう。なお，図3のゴムせんは中のガラス管が見
えるようにかかれています。

図3　実験のようす

説明

正しく表したもの（　　　）

受検番号		2※	

課題2 太郎さんと花子さんは，卒業制作をしながら，次のような会話をしています。あとの（1）～（3）に
答えましょう。

太郎：円のタイルの外側にたくさん長方形のタイルを並べてみたよ。

花子：花のように見えるきれいな並べ方だね。

太郎：円のタイルを取り除いても，並べた長方形のタイルで作られた内側の形
は円のように見えるね。

図1　　　図2

（1）　図1の長方形のタイルを，図2のように円のタイルの外側に，円のタ
イルとも長方形のタイルとも離れないように並べるとちょうど 40 枚必
要でした。並べた長方形のタイルの短い辺だけでできた多角形の周りの
長さと円のタイルの円周の長さが同じであるとしたとき，円のタイルの
直径は約何cmになりますか。答えは四捨五入して，上から2けたのがい
数で求めましょう。ただし，円周率は 3.14 とします。

約	cm

太郎：長方形と長方形のすき間の部分にも違う色の二等辺三角形のタイルを並べるときれいに見えそうだね。

花子：使う長方形のタイルの枚数によって二等辺三角形のタイルの角度も少しずつ変わってくるね。

長方形のタイルを並べてできた正多角形

図3　　　図4

（2）　図3の太い線で囲まれた図形のように，合同な長方形のタイルを1つの頂点
が離れないように並べて正多角形を作ります。そして，図4のように長方形の
タイルの間に，合同な二等辺三角形のタイルをすき間なく並べます。二等辺三
角形のタイルの ⓐ の角度が整数となるとき，長方形のタイルの枚数と ⓐ の
角度を答えましょう。また，どのようにして求めたのかも説明しましょう。た
だし，長方形のタイルは 70 枚以上使うものとします。

説明	使う長方形のタイルの枚数
	枚
	ⓐ の角度
	度

太郎：いろいろなタイルをすき間ができないように並べてこんな形を作ってみたよ。
線対称にも点対称にもなる形を作るときれいに見えるね。

花子：本当だね。点対称になるけど線対称にならない形を作るときれいに見えるかな。

太郎が作った形

（3）　図5のような4種類のタイルをすき間ができないように並べて模様を作ります。4種類のどのタイルも
必ず1枚以上使って，周りの長さが 42 cmで点対称になるが線対称にならない図形を作るとき，タイルを
どのように並べたらよいでしょうか。【かき方の例】にしたがって，タイルを並べてできた図形を点線に
そって1つかきましょう。

正三角形　　ひし形　　　台形　　　　正六角形

図5

【解答らん】　　　1辺の長さが3cmの正三角形の1辺

【かき方の例】

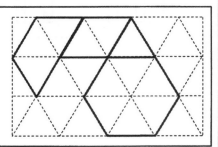

周りの長さが 36 cmで，
台形，ひし形，正三角
形，正六角形を1枚ず
つ使って並べた場合

受検番号		1※	2※	3※	※
					（配点非公表）

課題1 太郎さんと花子さんは，冬休みに本について話をしています。あとの（1）～（3）に答えましょう。

太郎：もうすぐお正月だね。来年はたくさん本を読みたいな。

花子：習慣が大切だね。次郎さんは，年が明けたら毎日必ず15ページずつ本を読むつもりだと言っていたよ。

※□

（1） 次郎さんは全部で320ページある本を，1月1日から読むことにしました。毎日15ページずつ読むとすると次郎さんがこの本を読み終えるのは何月何日になるか答えましょう。

月	日

太郎：冬休み中は時間もたっぷりあるから，しっかり本が読めるね。最初の2日間だけでも，かなり読めたよ。

花子：私もたくさん読んでいるよ。

表1　本のページ数

本	ページ数
本A	396
本B	138
本C	215

※□

（2） 表1は本A，B，Cそれぞれのページ数を表しています。太郎さんは冬休みの1日目に本A全体のページ数の $\frac{1}{4}$ を，2日目に本Aの残りのページ数のうちの $\frac{4}{9}$ を読み終えました。花子さんは冬休みの1日目に本Bのすべてのページを，2日目に本C全体のページ数の 40% を読み終えました。冬休みの最初の2日間で，太郎さんと花子さんはそれぞれ本を何ページ読んだか答えましょう。

太郎さんは	ページ，花子さんは	ページ読んだ

太郎：街の図書館では，本の整理をするようだよ。本を新しい本だなに移しかえたりもするよ。

花子：本の横にすき間ができないように並べるには，何段でどんな横はばの本だなが良いかな。

背表紙

厚さ　本

※□

（3） 現在，図1のような3段の本だなに，表2の厚さの本D，E，Fが，表3に示す並び方で，背表紙が手前に見えるように立てて置かれています。これらの本を，段数が10段以下で，横はばが150cm以下の本だなにすき間なく並べようと思います。何段で，横はばが何cmの本だなを用意すればよいか1つ答え，どのようにして求めたかも説明しましょう。また，そのときの本の並べ方の例を，説明のわくの中にある表に書きましょう。なお，本は1段目から順番に並べ，本だなの板の厚さは考えないものとします。表の書き方は表3を参考にし，使わない段にはすべて「0」を書きましょう。

図1　本だな

説明

	本の冊数		
	本D	本E	本F
10段目			
9段目			
8段目			
7段目			
6段目			
5段目			
4段目			
3段目			
2段目			
1段目			

　　　　段で，横はばが　　　　cmの本だな

表2　本の厚さ

本	厚さ
本D	2cm
本E	3cm
本F	5cm

表3　現在の本の並び方

	本の冊数		
	本D	本E	本F
3段目	45	33	0
2段目	72	0	9
1段目	0	48	9

令和２年度

岡山県立倉敷天城中学校　　適性検査Ⅰ

【注意】

・　この検査は，文章を読んで，太字で書かれた課題に対して，答えやあなたの考えなどをかく検査です。課題ごとに，それぞれ指定された場所にかきましょう。

・　検査用紙は，表紙（この用紙）をのぞいて，３枚あります。指示があるまで，下の検査用紙を見てはいけません。

・　「始め」の合図があってから，検査用紙の枚数を確かめ，３枚とも指定された場所に受検番号を記入しましょう。

・　検査用紙の枚数が足りなかったり，やぶれていたり，印刷のわるいところがあったりした場合は，手をあげて先生に知らせましょう。

・　検査用紙の ※ ▢ には，何もかいてはいけません。

・　この検査の時間は，４５分間です。

・　表紙（この用紙）と検査用紙は，持ち帰ってはいけません。

・　表紙（この用紙）の裏を，計算用紙として使用してもよろしい。

受検
番号

3 ※

課題3　太郎さんと花子さんは，日本の農業や日本人の食生活について調べた内容をもとに，先生を交えて話し合いました。あとの会話文を読んで，（1）～（3）に答えましょう。

先生：資料1は，国産と外国産のアスパラガスの東京都中央卸売市場への月別入荷量をまとめたグラフです。資料1をみると，どんなことがわかりますか。

花子：外国産のアスパラガスがたくさん輸入されていますね。

（1）　国産と外国産のアスパラガスの入荷量には，どのような関係がありますか。資料1から考えられることを書きましょう。

※ [　　　　　　　　　　　　　　　　　]

資料1　国産と外国産のアスパラガス
の東京都中央卸売市場への月別
入荷量（2017年）

（東京都中央卸売市場の資料から作成）
（グラフのアスパラガスは加工したもの
はふくまない）

花子：私は，日本人の食生活に興味をもち，資料2を作りました。①この資料2は，日本人の食生活が大きく変化したことを表しています。

太郎：私は，日本の食料自給率に興味をもち，資料3を作りました。

先生：②日本全体の食料自給率が60％から38％に大きく低下していることがわかるね。

（2）　会話文の①＿＿＿について，花子さんがなぜそのように考えたのか，資料2からわかることを書きましょう。また，②＿＿＿について，日本全体の食料自給率が大きく低下したのはなぜなのか，資料2と資料3の両方をもとに，資料中の具体的な食料を2つあげて，あなたの考えを書きましょう。

※ | ① | 　　　　　　　　 |

※ | ② | 　　　　　　　　 |

資料2　日本人の1人1日あたりの食料消費量
の移り変わり

（農林水産省「食料需給表」から作成）

資料3　日本の食料自給率の
移り変わり

食料	1970年	2016年
米	106％	97％
小麦	9％	12％
野菜	99％	80％
肉類	89％	53％
乳製品	89％	62％
全体	60％	38％

（農林水産省「食料需給表」から作成）

太郎：私は，近くの道の駅を訪れました。資料4は，その道の駅で販売されていた，地元産のなすの袋にはられていたシールをスケッチしたものです。

先生：農家が資料4のようなシールをはることによって，消費者には利点がたくさんありますね。

花子：私が考える消費者の利点は，栽培期間中は農薬を使用していない野菜なので，食べてもより安全だということがわかることです。

（3）　花子さんが考えたことの他には，消費者にとってどのような利点がありますか。資料4をもとに，あなたの考えを2つあげて，それぞれの解答らんに1つずつ書きましょう。

※ [　　　　　　　　　　　　　　　　　]
[　　　　　　　　　　　　　　　　　]

資料4　地元産のなすの袋にはら
れていたシールのスケッチ

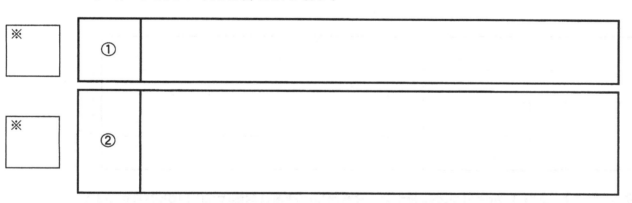

品名：　なす
産地　　〇〇〇町
生産者　岡山一郎
出荷日　8月13日
農薬：栽培期間中不使用
朝どれ野菜！　　〇〇〇円

受検番号

(3) ──ア「同時にある脳の構造を生み出したといわれています」とありますが、このことについて、次の①、②の問いに答えましょう。

① 「ある脳の構造」はどのような目的から生み出されることになったと筆者は述べていますか。「～ため。」で終わるように四十字以内で書きましょう。（、や。なども一字に数えます。）

※ 〔40字〕

② 「ある脳の構造」は人間にどのような欠点をもたらしたと筆者は述べていますか。その欠点を十五字以内の言葉で書きましょう。（答えの終わりに。をつける必要はありません。）

※ 〔15字〕

(4) ──イ「人間が本当に賢くなったら」とありますが、「人間が本当に賢くなる」とは、わたしたちがどのように学ぶことで、どうなることだと筆者は考えていますか。八十字以内で書きましょう。（、や。などとも一字に数えます。）

※ 〔80字〕

課題2 「千里の道も一歩から」ということわざがあります。遠い旅も第一歩をふみ出すことから始まるように、遠大な計画もまず身近な取り組みから開始されるという意味ですが、これから先、あなたはどのような「千里の道」に挑戦し、そのためには中学校生活で最初の「一歩」としてどのようなことをしたいと考えますか。その「一歩」を選んだ理由もふくめて二百字以内で具体的に書きましょう。（、や。や「」なども一字に数えます。一マス目から書き始めましょう。段落分けはしなくてよろしい。）

＊千里…「里」は昔の距離をあらわす単位。千里はたいへん長い距離のたとえ。

※

〔200字〕 〔100字〕

1※　　　2※　　　3※　　　※　　※70点満点
（配点非公表）

課題1　次の文章を読んで、あとの(1)〜(4)に答えましょう。

「より自由になるために学ぶ」と言いましたが、「自由になる」ということの意味をもう少し考えてみましょう。

人間は、「偏見や思い込み」といったものから解放されると、より自由になれます。

類人猿からヒトになっていくプロセスの中で、いろいろな哺乳類がいたわけですが、ホモ属だけが飛躍的に進化しました。なぜかというと、ホモ属には類まれな学習能力があったからです。

ホモ属は進化の過程で「工夫する力」を身につけてきたからです。そういう回路をつくります。二、三回うまくいくと、その回路を信じて行動するようになります。

しかし、これはあくまで、特定の地域でしか通用しないものですね。その回路を覚えた人が、まったく別の場所に行って同じことをやっても、なかなかうまくいきません。

すると、「お前が、ちゃんとやらなかったからだ」「誰かが変なことを願ったからだ」などと言って、一緒にいる仲間のせいにしたりします。

自分の知識を疑おうとせず、誰かに責任を転嫁して敵視するようになり、時にこれが戦の原因にもなります。

偏見が群集心理になったとき、「あいつは許せない」ということになって戦争を容認する心理が生まれます。

ですから、僕はただ、がむしゃらに知識を詰め込みなさいと言っているわけではないのです。学んだことを単純に信じたりせず、いい意味で批判的にならなくてはいけないということです。

人間が学ぶうえでは、どうしても偏見や思い込みが介在しがちです。最初に得た知識は、いつ何時でも通用すると思い込みやすいのです。

その知識が、特定の場所でしか通用しない、あるいは非常に個人的な説に過ぎない、ということを理解することでより自由になれるのですが、そこがなかなかできない。

（汐見稔幸『人生を豊かにする学び方』ちくまプリマー新書から）

＊1　偏見…かたよって一方的な、まちがった考え方や見方。
＊2　類人猿…サルの仲間のうちで最も進化したもので、人間に近いもの。
＊3　プロセス…ものごとが進んできた順序。過程。
＊4　ホモ属…動物学上の分類で、人類が属する仲間の名まえ。
＊5　回路…ひとまわりの流れを持った道すじ。
＊6　転嫁…自分の責任や罪などを他人のせいにしておしつけること。
＊7　癖…直したほうがよいと思われるくせ。習癖。
＊8　介在…ものとものとの間にはさまって存在すること。
＊9　群集心理…群集の一員になったときに生じる冷静さを欠いた心理。
＊10　脱却…ぬけでること。のがれでること。

（1）――「がむしゃらに」という言葉は、どのような様子をあらわしていますか。その説明として次の　　　に適当な言葉を書きましょう。

　　　　　X　　　　　ものごとを行う様子。

（2）　X　　の中には、どのような文を書き入れるのがよいですか。本文の中で、　X　の前と後に書かれていることから判断して、適当だと思われる一文を考えて書きましょう。

（　　　　　　）

平成三十一年度

岡山県立倉敷天城中学校　適性検査Ⅱ

【注意】

・ この検査は、文章や資料を読んで、太字で書かれた課題に対して、答えやあなたの考えなどを書く検査です。課題ごとに、それぞれ指定された場所に書きましょう。

・ 検査用紙は、表紙（この用紙）をのぞいて三枚あります。指示があるまで、下の検査用紙を見てはいけません。

・ 「始め」の合図があってから、検査用紙の枚数を確かめ、三枚とも指定された場所に受検番号を記入しましょう。

・ 検査用紙の枚数が足りなかったり、やぶれていたり、印刷のわるいところがあったりした場合は、手をあげて先生に知らせましょう。

・ 検査用紙の ※ には、何もかいてはいけません。

・ この検査の時間は、四十五分間です。

・ 表紙（この用紙）と検査用紙は、持ち帰ってはいけません。

受検番号	

課題3 太郎さんと花子さんは，学校の理科室で話をしています。あとの（1）～（3）に答えましょう。

太郎：先週早起きをしたときは，日の出の前で空が少し明るくなっていたよ。
花子：そのときには，反対の方角の空に月が見えていたでしょう。

※ | |
|---|

（1） 日の出前，東の空に太陽がのぼり始めるころ，太陽とは反対の方角に月が見えていました。この約1週間後の同じ時刻に同じ場所に立ち，月を見ました。図1のア～オのどの月が見えたか，記号で答えましょう。

図1 月の位置と形

花子：夏休みの自由研究で，ミョウバンと食塩の水へのとけ方のちがいについて調べたいな。
太郎：どちらも同じような白いつぶなんだよね。

※ | |
|---|

（2） 食塩とミョウバンがあります。どちらが食塩でどちらがミョウバンかわかりません。同じ重さのビーカーが2つあり，どちらにも水が50mL入っています。これを利用してどちらが食塩かを確認する方法と結果を2通り答えましょう。図2は水温と50mLの水にとける食塩の量の関係，図3は水温と50mLの水にとけるミョウバンの量の関係を表しています。ただし，味を確認してはいけません。

1つめの方法と結果

2つめの方法と結果

図2 水温と50mLの水にとける食塩の量の関係

図3 水温と50mLの水にとけるミョウバンの量の関係

太郎：電磁石の強さとかん電池のつなぎ方の関係も調べてみたいね。

※ | |
|---|

（3） 図4のように，ア～カの6つのたんしのついた板があります。たんしアとウには電磁石がつながっています。表1は，電磁石につなぐかん電池の数と，電磁石に引きつけられるクリップの重さとの関係を表しています。この板に，表2の実験1のように導線をつないだところ，4gのクリップが電磁石に引きつけられました。このとき，2つのかん電池はそれぞれどのたんしにつながっていると考えられますか。解答らん①の たんし のわくにア～カの記号で答えましょう。
また，実験1で，4gのクリップが電磁石に引きつけられたかん電池のつなぎ方のうち，表2の実験2のように導線をつなぎかえると，クリップを引きつけなくなるかん電池のつなぎ方を解答らん②の たんし のわくにア～カの記号で答えましょう。

図4 電磁石がつながった板とかん電池と導線

表1 電磁石につなぐかん電池の数と，引きつけられるクリップの重さとの関係

電磁石につなぐかん電池の数	0個	1個	直列に2個
電磁石に引きつけられるクリップの重さ	0g	2g	4g

表2 導線のつなぎ方と電磁石に引きつけられたクリップの重さとの関係

	実験1	実験2
導線のつなぎ方		
引きつけられたクリップの重さ	4g	0g

解答らん①

たんし	1個目	たんし
たんし	2個目	たんし

解答らん②

たんし	1個目	たんし
たんし	2個目	たんし

課題2 太郎さんと花子さんは，クリスマス会で食べるお菓子を作りながら，次のような会話をしています。あとの（1）～（3）に答えましょう。

太郎：最初に型抜きを使ってクッキーを作ってみよう。
花子：型抜きを使えばいろいろな形のクッキーが作れそうだね。
太郎：まずは長方形や円の形をしたクッキーを作ってみるよ。

図1　　　　図2

※

（1）　長方形の形をした型抜きと，円の形をした型抜きでクッキーを作ります。これらの型抜きで抜いたときにできる生地の底面の形は，図1の長方形と図2の円で，どちらも周りの長さは等しくなります。このとき，円の直径の長さを答えましょう。ただし，答えの単位は cm とし，四捨五入して $\frac{1}{10}$ の位までのがい数にしましょう。また，円周率は 3.14 とします。

約　　　　　　cm

花子：私は長方形や円以外の形をしたクッキーを作ってみるね。
太郎：みんなで分けるときに平等になるように，同じ大きさのクッキーが作れるといいね。
花子：形は違っても同じ大きさのクッキーって作れるのかな。

※

（2）　型抜きで抜いたときにできる生地の底面の形が四角形になるクッキーを作ります。その生地の底面の面積が 20 cm² になるとき，型抜きの形はどのような四角形が考えられるでしょうか。図3には正方形でも長方形でもない四角形を，図4には正方形を，それぞれ定規を使って1つかきましょう。ただし，方眼の1めもりは1cmとし，図形の頂点はすべて方眼の線の交点上にくるものとします。

図3　　　　　　　　　　　図4

花子：次は買ってきたスポンジケーキに生クリームをぬってケーキを作りましょう。
太郎：スポンジケーキにぬる生クリームはどれだけ作ればいいのかな。

※

（3）　図5のような底面の円の直径が 18cm，高さが 9cm の円柱の形をしたスポンジケーキに生クリームをぬってケーキを作ります。このスポンジケーキを底面と平行に3等分に切り分け，スポンジケーキの周りやスポンジケーキとスポンジケーキとの間の厚みが 1cm になるように生クリームをぬって完成させます。この完成したケーキを円の中心を通り底面と垂直に切ると，切ったときにできる面の形が図6のような長方形になります。ケーキを完成させるのに必要な生クリームの量を求め，どのようにして求めたのかも説明しましょう。ただし，答えの単位は cm³ とし，四捨五入して十の位までのがい数にしましょう。また，円周率は 3.14 とします。

図5　　　　　　　　　　　　　　　図6

説明

必要な生クリームの量　約　　　　　　cm³

課題1 太郎さんと花子さんは，週末に太郎さんの家の車で遊園地に行くことになりました。あとの（1）～（3）に答えましょう。

太郎：遊園地まではいろいろな行き方が考えられるね。
花子：道のりが短い方が使うガソリンの量は少なくなるね。

※

（1） 図1は太郎さんの家（A）から遊園地（F）までの道や道のりを表したものです。太郎さんの家の車は，1km走るのに0.06Lのガソリンが必要だとすると，『A→B→C→E→F』と最も短い道のりで進むときに必要なガソリンの量は何Lか答えましょう。

図1

L

太郎：高速道路を利用することもできるね。
花子：そうだね。でも，高速道路を利用すると，車のガソリン代とは別に高速道路の料金がかかるね。

※

（2） 図1の二重線部分（BとDの間，DとEの間）は高速道路で，表は高速道路の料金を表しています。車は，高速道路では時速80km，それ以外の道では時速40kmで走り，速さに関わらず1km走るのに10円のガソリン代がかかります。Aを8時20分に出発して，Fに11時までに着くように行こうと思います。このとき，ガソリン代と高速道路の料金を合わせた費用が3000円以内になる行き方を1通り答えましょう。また，そのときにかかる時間と費用を答えましょう。ただし，消費税は考えないこととします。

表　高速道路の料金

区間	料金
BとDの間	800円
DとEの間	1500円
BとEの間	2300円

行き方 A→B→　　　　　　　　→E→F	時間 　　　　　分	費用 　　　　　円

太郎：前に遊園地に行ったとき，道が混雑していて大変だったね。
花子：高速道路の料金がかかるけど，もどって道を変えた方が早く着いたかもしれないね。

※

（3） 太郎さんは以前に図1の道を『A→B→C→E→F』と進んで遊園地に行きました。しかし，図2のGからEまでの12kmは混雑していて，時速10kmでしか進めませんでした。Cを過ぎたあとHでおり返し，『C→H→C→D→E→F』と進む方が，Hでおり返さず『C→H→G→E→F』と進んだときよりも早く遊園地に着くのは，CからHまでの道のりが何kmより短い場合か答えましょう。また，どのようにして求めたかも説明しましょう。ただし，高速道路では時速80km，GからEまでの道と高速道路以外の道では時速40kmの速さで走ることとします。

図2

説明
kmより短い

平成３１年度

岡山県立倉敷天城中学校　　適性検査Ⅰ

【注意】

- この検査は，文章を読んで，太字で書かれた課題に対して，答えやあなたの考えなどをかく検査です。課題ごとに，それぞれ指定された場所にかきましょう。

- 検査用紙は，表紙（この用紙）をのぞいて，３枚あります。指示があるまで，下の検査用紙を見てはいけません。

- 「始め」の合図があってから，検査用紙の枚数を確かめ，３枚とも指定された場所に受検番号を記入しましょう。

- 検査用紙の枚数が足りなかったり，やぶれていたり，印刷のわるいところがあったりした場合は，手をあげて先生に知らせましょう。

- 検査用紙の ※[ ] には，何もかいてはいけません。

- この検査の時間は，４５分間です。

- 表紙（この用紙）と検査用紙は，持ち帰ってはいけません。

- 表紙（この用紙）の裏を，計算用紙として使用してもよろしい。

受検
番号

課題3　太郎さんと花子さんは，多くの人が外国から日本を訪れていることについて，先生を交えて話し合いました。あとの会話文を読んで（1）～（3）に答えましょう。

先生：資料1をみると，日本を訪れる外国人の数が最近大きく変化しているのがわかりますね。2006年と2016年を比べてみましょう。
太郎：　A　からの訪問者数が約　B　倍に増加していますね。
花子：そうですね。そのことが，総数が約　C　倍に増加した大きな原因となっていると思います。

（1）　太郎さんと花子さんの会話文の　A　，B　，C　に入る言葉や数字をそれぞれ書きましょう。数字は四捨五入し，整数で答えましょう。

※
| A | | B | |

※
| C | |

先生：日本を訪れる外国人を，資料2のア・イ・ウに案内するとしたらどのような順で案内したいと思いますか。
太郎：そうですね。イ→ウ→アの順にすれば　D　になります。
花子：ところで，これらの日本を代表する建物には共通することがたくさんありそうです。
先生：それらの中で建てた人物に注目すると，共通することは何でしょうか。

（2）　太郎さんの会話文の　D　にあてはまる内容を考えて書きましょう。また，——の問いにどのように答えますか。会話文をもとにあなたの考えた答えを書きましょう。

※
| D | |

※
| 答え | |

先生：日本を訪れる外国人には，日本の伝統的な家も人気です。
太郎：資料3を見ると①・②のように地域によって特色がありますね。
花子：それぞれの地域で　E　を工夫しているということが分かりますね。
先生：資料3の①をふくむ「白川郷・五箇山の合掌造り集落」は，1995年に世界遺産に登録され，観光客がとても増えました。
太郎：ところで，観光客が増えた地域ではどのような影響があるのでしょうか。
先生：では，具体的にどのような影響があるのか考えてみましょう。

（3）　花子さんの会話文の　E　にあてはまる内容を考えて書きましょう。また，観光に訪れる人が増えることで，その地域に具体的にどのような良い影響と悪い影響があると思いますか。あなたの考えを書きましょう。

※
| E | |

※
| 考え | |

資料1　日本への外国人訪問者数の移り変わり

（万人）
年	アジア	ヨーロッパ	北アメリカ	その他	総数
2006	524	79	100	30	733
2008	615	88	96	36	835
2010	652	85	90	34	861
2012	638	77	87	33	835
2014	1081	104	111	45	1341
2016	2042	142	157	62	2403

（日本政府観光局の資料から作成）

資料2　案内したい場所

ア　金閣（京都府）
足利義満によって建てられた。

法隆寺（奈良県）
聖徳太子によって建てられた。

ウ　東大寺（奈良県）
聖武天皇によって建てられた。

資料3　日本の伝統的な家の例

① 岐阜県白川村の伝統的な合掌造りとよばれる家は，雪が積もりにくくなるように屋根のかたむきを急にしたり，屋根への日当たりがよくなるように家の向きを調節したりしています。

② 伝統的な沖縄県の家は，石がきで家の周りを囲んだり，ねん土などを混ぜたしっくいで屋根のかわらを固めたりして，強い風に備えています。

(3)
――イ「変えてはいけないもの」とありますが、人と人とがかかわりながら生活する中で、「変えてはいけない」とあなたが考えるものは何ですか。一つ書きましょう。また、そう考える理由を四十字以内で書きましょう。
（、。や「」なども一字に数えます。）

※

| | 変えてはいけないもの |

40字

(4)
――ウ「雑草の生き方はずっとしたたかなのである」とありますが、「したたかな雑草の生き方」をこの文章ではどのように説明していますか。「～生き方。」で終わるように、八十字以内で書きましょう。（、。や「」なども一字に数えます。）

※

80字

課題2　＊ウォルト・ディズニーは、「夢をかなえるために必要なことはなんですか」と質問されたとき「好奇心（こうきしん）」や「自信」などにあたる言葉を答えました。あなたがこの質問に対して一つの言葉を答えるとしたら、どんな言葉を答えますか。選んだ言葉と、その言葉を選んだ理由をあなたの経験をもとに二百字以内で書きましょう。（、。や「」なども一字に数えます。　段落分けはしなくてよろしい。　一マス目から書き始めましょう。）

＊ウォルト・ディズニー……世界的に有名なキャラクター「ミッキーマウス」の生みの親であり、ディズニーランドの創設者。

※

2※

200字　　　　　　　　　100字

課題1　次の文章を読んで、あとの(1)から(4)に答えましょう。

植物は動物に比べて可塑性が大きい。それは、どうしてだろうか。

動物は自由に動くことができるので、エサやねぐらを求めて移動することができる。しかし、植物は、動くことができない。そのため、生息する環境を選ぶことができないのだ。その環境が生存や生育に適さないとしても文句を言うこともできない。逃げることもできない。

そして、環境が変えられないとすれば、どうすれば良いのだろうか。環境が変えられないのであれば、環境に合わせて、自分自身が変化するしかない。だから、ア植物は動物に比べて「変化する力」が大きいのである。

植物の中でも雑草は可塑性が大きく、自由自在に変化することができる。この「変化する力」にとって、もっとも重要なことは何だろうか。

それは「変化しないことである」と私は思う。

植物にとって重要なことは、花を咲かせて種子を残すことにある。ここはぶれることはない。種子を生産するという目的は明確だから、目的までの行き方は自由に選ぶことができる。だからこそ雑草は、サイズを変化させたり、ライフサイクルを変化させたり、伸び方も変化させることができるのである。

つまり、生きていく上で「変えてよいもの」と「変えてはいけないもの」がある。

環境は変化していくのであれば、雑草はまた変化し続けなければならない。しかし、変化しないとすれば、それだけ「変化しないもの」が大切になるのである。

踏まれても踏まれても立ち上がる。

これが、多くの人が雑草に対して抱く一般的なイメージだろう。人々は、踏まれても負けずに立ち上がる雑草の生き方に、自らの人生を重ね合わせて、勇気付けられる。

しかし、実際には違う。雑草は踏まれたら立ち上がらない。確かに一度や二度、踏まれたくらいなら、雑草は立ち上がってくるが、何度も踏まれれば、雑草はやがて立ち上がらなくなるのである。

雑草魂というには、あまりにも情けないと思うかも知れないが、そうではない。

そもそも、どうして立ち上がらなければならないのだろうか。

雑草にとって、もっとも重要なことは何だろうか。それは、花を咲かせて種子を残すことにある。そうであるとすれば、踏まれても踏まれても立ち上がるという無駄なことにエネルギーを使うよりも、踏まれながらもどうやって種子を残そうかと考える方が、ずっと合理的である。だから、雑草は踏まれながらも、最大限のエネルギーを使って、花を咲かせ、確実に種子を残すのである。まさに「変えてはいけないもの」がわかっているのだろう。努力の方向を間違えることはないのだ。

踏まれても踏まれても立ち上がるという根性論よりも、雑草の生き方はずっとしたたかなのである。

（稲垣栄洋著　『植物はなぜ動かないのか　弱くて強い植物のはなし』　ちくまプリマー新書　から）

*1　可塑性・・・ここでは「変化する力」のことをさす。
*2　ねぐら・・・ねる所。
*3　ぶれる・・・考えなどがゆれ動く。

(1) 本文の中には、──「自分自身」や「自由自在」という漢字四字の熟語が使われています。このように一文字目と三文字目に同じ漢字を用いる四字の熟語には、ほかにどのようなものがあるか、二つ書きましょう。（一文字目と三文字目は「自」でも、それ以外でもよろしい。）

(2) ──ア「植物は動物に比べて『変化する力』が大きい」とありますが、その原因はどのようなことだと筆者は述べていますか。「植物」と「動物」の二語を使い、「～こと。」で終わるように、三十五字以内で書きましょう。（、や。や「」なども一字に数えます。）

35字

平成三十年度

岡山県立倉敷天城中学校　適性検査Ⅱ

【注意】

・この検査は、文章や資料を読んで、太字で書かれた課題に対して、答えやあなたの考えなどを書く検査です。
課題ごとに、それぞれ指定された場所に書きましょう。

・検査用紙は、表紙（この用紙）をのぞいて三枚あります。指示があるまで、下の検査用紙を見てはいけません。

・「始め」の合図があってから、検査用紙の枚数を確かめ、三枚とも指定された場所に受検番号を記入しましょう。

・検査用紙の枚数が足りなかったり、やぶれていたり、印刷のわるいところがあったりした場合は、手をあげて
先生に知らせましょう。

・検査用紙の　※　には、何もかいてはいけません。

・この検査の時間は、四十五分間です。

・表紙（この用紙）と検査用紙は、持ち帰ってはいけません。

受検
番号

3※

課題3　太郎さんと花子さんは，夏休みの出来事を思い出しながら，次のような会話をしました。あとの（1）～
（3）に答えましょう。

| メダカ | ヒト |

図1　メダカとヒトの成長の一時期

花子：夏休みに親せきのお姉さんが赤ちゃんをつれてたずねてきたよ。
太郎：その少し前に，新しい命のたん生について習ったね。

※

（1）　図1はたまごの中でメダカが成長していく中のある時期と，子
宮の中でヒトの子どもが成長していく中のある時期を比べたもの
です。この図を参考にして，ヒトの子どもが子宮の中で養分をど
のようにとり入れているのかを説明しましょう。

太郎：親せきのお姉さんが来たころの天気や
気温を調べてみたよ。
花子：1日の気温の変化と天気の変化には，
関係があるよね。
太郎：気温の変化をグラフにしてみたよ。グ
ラフを見ると，変化のようすのちがい
が分かりやすいね。
花子：気象衛星からとった雲の写真と比べて
考えるのもおもしろいよ。

図2　1時間ごとの気温の変化
気象庁のデータにより作成

図3　西日本の雲の写真
日本気象協会 Web より作成

（2）　図2は8月17日・18日・19日の岡山県のある地点での気温の変化を表しています。図3は，この3日の
うち，いずれかの日の13時に気象衛星からとった写真です。気象衛星の写真が8月何日の写真であるかを答
えましょう。また，そう考えた理由も説明しましょう。

※

8月	考えた理由
日	

太郎：夏休みは暑かったね。
花子：そういえば，太陽の光を集めてものを温めるソーラークッカーを学校で習ったね。
太郎：じゃあ，ソーラークッカーを手作りして，液体の温まり方を調べてみよう。

図4　太郎さんの実験そうち

※

（3）　太郎さんは，図4のソーラークッカーを使って「何が液体の温まり方に影響
するか」を調べることにしました。まず，水を100mL 入れた容器を1つ用意し
ました。それと同じ種類の別の容器を用意し，表の中の道具やものを選んで使
い，あなたなら何について調べますか。調べることを1つあげて，（　　）の
中に書きましょう。また，実験の仕方を操作②の［　　］に具体的に書きましょ
う。ただし，ソーラークッカーは，並べた2つの容器に，同じ強さの光を同時
にあてることができるとします。

調べること：（　　　　　　　　　　　　　）が液体の温まり方に影響するかどうか。

操作①　1つの容器に水を100mL 入れる。

操作②

操作③　温める前に，2つの容器の中の液体の温度を温度計ではかり，記録する。
操作④　同じ強さの光を同時にあてることができるように，ソーラークッカーに2つの容器を
並べて置く。
操作⑤　表の温度のはかり方で温度をはかり，記録する。

表

＜道具，もの＞
水，食塩水，アルミニウム
はく，黒い油性ペン，メス
シリンダー

＜温度のはかり方＞
　温度計をさしたコルク
せんを容器につける。その
容器をソーラークッカー
に置いて10分後，2つの
容器の中の液体の温度を
温度計ではかる。

2※

課題2　太郎さんと花子さんは，6年生を送る会の準備をしながら，次のような会話を
しています。あとの（1）～（3）に答えましょう。

紙テープで作った飾り

太郎：紙テープでこんな形の飾（かざ）りを作ったよ。これを使って飾りつけをしよう。

花子：きれいな形だね。折り重ねる角度を変えるといろいろな形が作れるね。

※

（1）　紙テープを切って長方形を作ります。そして，図1のように，紙
テープを折り重ねる角度を変えると ⓐ の部分の角度も変わります。
折り重ねる角度をひとつ決めて，そのときの ⓐ の部分の角度を計算
して， □ に当てはまる数字を答えましょう。ただし，折り重
ねる角度は90度より小さい角度とします。

折り重ねる角度

図1

折り重ねる角度を □ 度に決めると， ⓐ の部分の角度は □ 度になる。

太郎：まずは，図2のような形を作ってみよう。

※

（2）　紙テープを折り重ねて図2のような形を作るために，図3のような1辺の
長さが3cmの正三角形が組み合わされた模様（もよう）の紙テープをどのように切り，
どのように折り返せばよいですか。［かき方の例］のように，紙テープを切
る場所と折り返す場所にそれぞれ線を引きましょう。ただし，紙テープを切
る場所は1か所だけとします。

3cm

図3

図2

3cm
9cm　9cm
3cm　3cm
9cm

紙テープの端（はし）と端を
ぴったりと合わせた
部分

| ［ かき方の例 ］ | 切る場所をあらわす線　－－－－ |
| | 折り返す場所をあらわす線　──── |

［ 答え ］

太郎：今度は，図4のような形を作ってみたよ。

花子：この形は，紙テープの外側が八角形になっていて内側に正方形ができているね。

太郎：この形の色のついた部分の面積は，どのようにして求めたらいいのかな。

※

（3）　図5のような幅（はば）が a cmの紙テープを折り重ねていき，図4のような外側が八角
形になっていて，内側に1辺の長さが b cmの正方形ができる形を作りました。
図4の色のついた部分の面積を a や b を使って表しましょう。また，どのように
考えたのかも説明しましょう。

紙テープの端と端を
ぴったりと合わせた
部分

a cm

b cm

図4

紙テープの幅 a cm

図5

| 説明 |
| |

図4の色のついた部分の面積　　　　　　（cm²）

受検番号		1※	2※	3※	※ ※70点満点 (配点非公表)

課題1 太郎さんたちは距離をはかる方法について話をしています。あとの（1）〜（3）に答えましょう。

太郎：自分の1歩の長さである歩はばを使って，およその距離をはかる方法について授業で学んだよね。
花子：歩はばはいつも同じではないから，何回か歩いてその平均を求めるといいね。

表1　太郎さんの記録

	1回目	2回目	3回目	4回目	5回目
10歩歩いた距離	6m40cm	6m18cm	6m10cm	6m22cm	6m30cm

※

（1）　上の表1は，太郎さんが10歩歩いた距離を5回はかった記録です。5回の記録の平均を求めて，太郎さんの1歩の長さである歩はばを答えましょう。ただし，答えの単位はcmとし，上から2けたのがい数にしましょう。

約　　　　　cm

桃子：私の歩はばは太郎さんより短くて，花子さんより長かったよ。

花子：それぞれの歩はばを使って，鉄棒からいろいろな場所までの距離をはかってみようよ。

表2　花子さん，桃子さん，太郎さんの歩数の記録

	（A）鉄棒からブランコまで	（B）鉄棒からすべり台まで	（C）鉄棒からシーソーまで
花子さんが調べた歩数			（ウ）　26歩
桃子さんが調べた歩数	（ア）　30歩		（エ）　22歩
太郎さんが調べた歩数		（イ）　30歩	

※

（2）　上の表2は，花子さん，桃子さん，太郎さんが，鉄棒からいろいろな場所までの歩数を記録している途中の表です。3人の歩はばを比べてみると，花子さんの歩はばより桃子さんの歩はばが長く，桃子さんの歩はばより太郎さんの歩はばが長いことが分かりました。太郎さんは，3人の歩はばと表2にある歩数の記録から（A）〜（C）の中で最も距離が長いのはどれかについて，次のように説明しました。太郎さんの説明の ┈┈┈ の中に（ア）〜（エ），□ の中に（A）〜（C）の記号を書いて，正しい説明となるように答えましょう。

> ［太郎さんの説明］
>
> 距離は（歩はば）×（歩数）で求めることができます。3人の歩はばと表2にある歩数の記録から，
>
> ┈┈┈ と ┈┈┈ を使って考えると，□ より □ の距離が長いことが分かります。
>
> このほかにも，
>
> ┈┈┈ と ┈┈┈ を使って考えると，□ より □ の距離が長いことが分かります。
>
> この2つのことから，（A）〜（C）の3つの中で最も距離が長いのは □ であることが分かりました。

晴男：今度は別のところを歩いて距離をはかってみようよ。
香織：それぞれの歩はばを使って，学校のろうかの長さをはかってみよう。

※

（3）　晴男さんと香織さんは同じろうかを歩いてその長さを調べることにしました。2人が歩いてみると，晴男さんの歩数は90歩，香織さんの歩数は126歩でした。2人の歩はばの差を調べてみると，晴男さんの方が香織さんより18cm長いことが分かりました。このとき，このろうかの長さを答えましょう。また，どのようにして求めたかも説明しましょう。ただし，答えの単位はmとし，上から2けたのがい数にしましょう。

説明

ろうかの長さは約　　　　　m

平成３０年度

岡山県立倉敷天城中学校　　適性検査Ⅰ

【注意】

- ・　この検査は，文章を読んで，太字で書かれた課題に対して，答えやあなたの考えなどをかく検査です。課題ごとに，それぞれ指定された場所にかきましょう。

- ・　検査用紙は，表紙(この用紙)をのぞいて，３枚あります。指示があるまで，下の検査用紙を見てはいけません。

- ・　「始め」の合図があってから，検査用紙の枚数を確かめ，３枚とも指定された場所に受検番号を記入しましょう。

- ・　検査用紙の枚数が足りなかったり，やぶれていたり，印刷のわるいところがあったりした場合は，手をあげて先生に知らせましょう。

- ・　検査用紙の ※ □ には，何もかいてはいけません。

- ・　この検査の時間は，４５分間です。

- ・　表紙(この用紙)と検査用紙は，持ち帰ってはいけません。

- ・　表紙(この用紙)の裏を，計算用紙として使用してもよろしい。